Mozart-Radweg

Zwischen Salzburger Land,
Berchtesgadener Land und
Chiemgau

Ein original *bikeline*-Radtourenbuch

D0904720

Esterbauer

bikeline-Radtourenbuch Mozart-Radweg
© 2003, **Verlag Esterbauer GmbH**
A-3751 Rodingersdorf, Hauptstr. 31
Tel.: ++43/2983/28982
Fax.: ++43/2983/28982-500
E-Mail: bikeline@esterbauer.com
www.esterbauer.com

1. Auflage, 2003

ISBN 3-85000-145-8

Bitte geben Sie bei jeder Korrespondenz die Auflage und die ISBN an!

Dank an alle, die uns bei der Erstellung dieses Buches tatkräftig unterstützt haben.

Das *bikeline*-Team: Birgit Albrecht, Beatrix Bauer, Grischa Begaß, Karin Brunner, Anita Daffert, Michaela Derferd, Roland Esterbauer, Jutta Gröschel, Dagmar Güldenpfennig, Carmen Hager, Karl Heinzl, Martina Kreindl, Veronika Loidolt, Mirijana Nakic, Jutta Andrea Ott, Maria Pfaunz, Petra Riss, Tobias Sauer, Gaby Sipöcz, Matthias Thal.
Bildnachweis: Salzburger Land Tourismus GmbH: Titelbild; Fremdenverkehrsverband Thalgau: 18; FW Oberndorf: 36; FW St. Gilgen: 20; H. Rupp: 62; Laufen: 39; Salzburger Seenland Tourismus GmbH: 16, 25, 32; Stadt Wasserburg/Inn: 67, 68; Tourismusverband Mondseeland: 82; Tourismusverband Mondseeland/Weinhäupl: 24; Tourismus Salzburg GmbH: 12, 14, 106, 108; Urlaub auf dem Bauernhof Chiemsee-Wendelstein: 64; Verkehrsamt Eggstätt: 62; Verkehrsamt Kiefersfelden: 78; Veronika Loidolt: 80, 50, 52, 54, 56, 58, 60, 84, 86, 90, 97, 98, 100, 102, 105; Weinhäupl: 82

bikeline

Was ist bikeline?

Wir sind ein junges Team von aktiven RadfahrerInnen, die 1987 begonnen haben, Radkarten und Radbücher zu produzieren. Heute tun wir dies als Verlag mit großem Erfolg. Mittlerweile gibt's bikeline® und cycline® Bücher in vier Sprachen und in vielen Ländern Europas.

Um unsere Bücher immer auf dem letzten Stand zu halten, brauchen wir auch Ihre Hilfe. Schreiben Sie uns, wenn Sie Fehler oder Änderungen entdeckt haben. Oder teilen Sie uns einfach die Erfahrungen und Eindrücke von Ihrer Radtour mit.

Wir freuen uns auf Ihren Brief,

Ihre bikeline-Redaktion

Vorwort

Salzkammergut, Chiemgau und Tirol – diese drei Regionen stehen für wunderschöne Landschaft, erholsamen Urlaub, warme Badeseen, saftig grüne Almen, blühende Wiesen, gesunde würzige Luft und viele radelbare Wege. Salzburg – diese wunderbar lebendige Stadt ist die Heimat von Wolfgang Amadeus Mozart. Darum wurde von der Mozart-Stadt ausgehend ein Radweg geschaffen, der die Metropole an der Salzach mit den drei berühmten und beliebten Feriengebieten verbindet. In einigen Orten und an einigen Plätzen kann man Wolfgang Amadeus Leben erforschen und die Stellen besuchen, wo er verweilt hat. St. Gilgen am Wolfgangsee, den Chiemsee, Waging oder Wasserburg am Inn, um nur einige seiner Aufenthaltsorte zu nennen. Möge die Radtour in Mozarts Heimat für Sie genauso erholsam sein, wie es seine Aufenthalte hier für ihn waren!

Präzise Karten, genaue Streckenbeschreibungen, zahlreiche Stadt- und Ortspläne, Hinweise auf das kulturelle und touristische Angebot der Region und ein umfangreiches Übernachtungsverzeichnis – in diesem Buch finden Sie alles, was Sie zu einer Radtour entlang des Mozart-Radweges brauchen – außer gutem Radlwetter, das können wir Ihnen nur wünschen.

Kartenlegende *(map legend)*

Die Farbe bezeichnet die Art des Weges:
(The following colour coding is used:)

———————— Hauptroute (main cycle route)

———————— Radweg / autofreie Hauptroute
(cycle path / main cycle route without motor traffic)

———————— Ausflug oder Variante *(excursion or alternative route)*

———————— Radweg in Planung *(planned cycle path)*

Strichlierte Linien zeigen den Belag an:
(The surface is indicated by broken lines:)

– – – – – asphaltierte Strecke *(paved road)*

– – – – – nicht asphaltierte Strecke *(unpaved road)*

Punktierte Linien weisen auf KFZ-Verkehr hin:
(Routes with vehicular traffic are indicated by dotted lines:)

• • • • • Radroute auf mäßig befahrener Straße
(cycle route with moderate motor traffic)

• • • • • Radroute auf stark befahrener Straße
(cycle route with heavy motor traffic)

• • • • • Radfahrstreifen *(cycle lane)*

———————— stark befahrene Straße
(road with heavy motor traffic)

———→ starke Steigung *(steep gradient, uphill)*

———→ leichte bis mittlere Steigung
(light gradient)

＼ 3 ／ Entfernung in Kilometern
(distance in km)

Maßstab 1 : 50.000
1 cm ≙ 500 m   1 km ≙ 2 cm

Schönern   sehenswertes Ortsbild *(picturesque town)*

( )   Einrichtung im Ort vorhanden
(facilities available)

Hotel, Pension; Jugendherberge
(hotel, guesthouse; youth hostel)

Campingplatz; Naturlagerplatz
(camping site; simple tent site)

Tourist-Information; Einkaufs-
möglichkeit *(tourist information;
shopping facilities)*

Gasthaus; Rastplatz
(restaurant; resting place)

Freibad; Hallenbad
(outdoor swimming pool; indoor swimming pool)

sehenswerte Gebäude
(buildings of interest)

Mühle andere Sehenswürdigkeit
(other place of interest)

Museum; Theater; Ausgrabungen
(museum; theatre; excavation)

Tierpark; Naturpark *(zoo; nature reserve)*

Aussichtspunkt *(panoramic view)*

Parkplatz; Parkhaus
(parking lot; garage)

Schiffsanleger, Fähre *(boat landing; ferry)*

Werkstatt; Fahrradvermietung
(bike workshop; bike rental)

überdachter ~; abschließbarer
Abstellplatz *(covered ~; lockable bike stands)*

Kirche; Kapelle; Kloster
(church; chapel; monastery)

Schloss, Burg; Ruine *(castle; ruins)*

Turm; Funkanlage *(tower; TV/radio tower)*

Kraftwerk; Umspannwerk
(power station; transformer)

Windmühle; Windkraftanlage
(windmill; windturbine)

Wegkreuz; Gipfel *(wayside cross; peak)*

Bergwerk *(mine)*

Denkmal *(monument)*

Sportplatz *(sports field)*

Flughafen *(airport, airfield)*

Quelle; Kläranlage

Gefahrenstelle; Text beachten
(dangerous section; read text carefully)

Treppen; Engstelle
(stairs; narrow pass, bottleneck)

X X X Radfahren verboten *(road closed to cyclists)*

In Ortsplänen: *(in city maps:)*

Post; Apotheke
(post office; pharmacy)

Feuerwehr; Krankenhaus
(fire-brigade; hospital)

0   1   2   3   4   5   6   7   8   9   10 km

`~\.`	**Staatsgrenze** (international border)
⊖	**Grenzübergang** (border checkpoint)
	Landesgrenze (country border)
	Wald (forest)
	Felsen (rock, cliff)
	Vernässung (marshy ground)
	Weingarten (vineyard)
	Friedhof (cemetary)
	Watt (shallows)
	Dünen (dunes)
	Wiesen, Weiden (meadows)
	Damm, Deich (embankment, dyke)
	Staumauer, Buhne (dam, groyne, breakwater)
	Schnellverkehrsstraße (motorway)
	Hauptstraße (main road)
	Nebenstraße (minor road)
	Fahrweg (carriageway)
	Fußweg (footpath)
	Straße in Bau (road under construction)
	Eisenbahn m. Bahnhof (railway with station)
	Schmalspurbahn (narrow gage railway)
	Tunnel; Brücke (tunnel; bridge)

Inhalt

Der Mozart-Radweg

Nach Wolfgang Amadeus Mozart ist dieser Radweg durch das Salzkammergut und den Chiemgau benannt. Mozart wurde am 27. Januar 1756 in Salzburg geboren, darum beginnt und endet der Radweg auch in der berühmten Stadt an der Salzach. Das Wunderkind Mozart konnte bereits mit 3 Jahren Klavier und mit 4 Jahren Geige spielen. Mit unglaublichen 12 Jahren hatte er 3 Opern, 6 Sinfonien und viele andere Musikstücke komponiert.

Von Kindheit an war er ständig auf Reisen, er gab Konzerte an den europäischen Fürstenhöfen. In seiner Heimat hielt er sich nur selten auf und diese Aufenthalte waren fast wie Urlaub. In den schönen Chiemgau zog er sich zurück und ins Salzkammergut, besuchte Freunde und Verwandte und erholte sich von den Strapazen seiner Reisen.

Auf seinen Spuren verläuft der Mozart-Radweg von Salzburg aus nach St. Gilgen in den Chiemgau und über Tirol wieder zurück nach Salzburg, die Geburtsstadt des Künstlers.

Streckencharakteristik

Länge

Die Länge des Mozart-Radweges mit Start und Endziel Salzburg beträgt rund 410 Kilometer. Ausflüge und Varianten sind dabei nicht berücksichtigt.

Wegequalität

Der Mozart-Radweg verläuft zum Großteil auf ruhigen Nebenstraßen, Wirtschaftswegen und Forstwegen. Entlang der Flüsse und Seen gibt es ausgebaute Radwege. Es gibt nur kurze Streckenabschnitte, die nicht asphaltiert sind wie zum Beispiel hinter Roitham am Chiemsee, oder auf

dem Ausflug Reit im Winkel vor Inzell. Auf der Route kommt so gut wie kein Verkehr vor, ab und zu kurze Abschnitte, die aber nie länger als ein bis zwei Kilometer sind.

Beschilderung

Der Radweg ist durchgehend beschildert von Salzburg bis Rosenheim und wieder bis Salzburg. Auch die Stichstrecke nach St. Gilgen ist als Mozart-Radweg ausgeschildert. Ebenso wird der Weg nach Reit im Winkl von Laufen aus beschildert und auch die Variante durch das Saalachtal.

Im Salzburger Land sind die Schilder grün mit weißer Schrift, ansonsten sind sie weiß mit schwarzer Aufschrift. Auf allen Schildern ist der Mozart-Kopf sichtbar.

Tourenplanung

Wichtige Telefonnummern

Internationale Vorwahl für Österreich: 0043 und für Deutschland: 0049.

Infostellen

Salzburger Land Tourismus, A-5300 Hallwang, ☎ 0662/6688-0; info@salzburgerland.com;

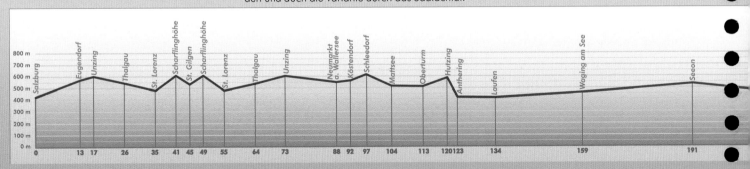

www.salzburgerland.com

Tourismusverband Chiemgau, D-83276 Traunstein, ℂ 0861/58333; E-Mail: info@chiemgau-tourismus.de; www.chiemgau-tourismus.de

Erlebnisregion Berchtesgadener Land, D-83458 Schneizlreuth, ℂ 08665/7489

Anreise & Abreise mit der Bahn:

Salzburg ist mit allen internationalen Zügen wie Inter-City, EuroCity und mit Regionalzügen leicht erreichbar. Es liegt auf der direkten Verbindungsstrecke der Westbahn und wird im Halbstundentakt von Zügen aus Wien angefahren. Von den großen deutschen Bahnhöfen verkehren Züge im Stundentakt nach Salzburg.

Infostellen:

Deutsche Bahn AG, DB Auskunft, ℂ 11861 (Reservierungen, Fahrplanauskünfte und Fahrpreise), DB Fahrplanauskunft ℂ 0800/1507090, www.bahn.de Deutsche Bahn AG, Radfahrer Hotline ℂ 01805/151415; weiterführende Infos zu Rad&Bahn unter www.bahn.de/pv/uebersicht/die_bahn_und_bike.shtml

Österreichische Bundesbahnen, ÖBB-Fahrplanauskunft ℂ 05/1717, www.oebb.at

Fahrradtransport

Fahrradmitnahme:

Deutschland: Die direkte Fahrradmitnahme ist in Deutschland in Zügen, die im Fahrplan mit dem Radsymbol ⚲ gekennzeichnet sind, möglich, aber nur wenn Sie im Besitz einer Fahrradkarte sind und genügend Laderaum vorhanden ist, eine Stellplatzreservierung ist deshalb empfehlenswert. In fast allen Zügen des Fernverkehrs benötigen Sie spätestens am Tage zuvor eine Stellplatzreservierung für Ihr Fahrrad.

Die Mitnahme kostet € 8,–, Bahncardbesitzer zahlen € 6,– und in Zügen des Nahverkehrs kostet die Mitnahme € 3,–. Für Fahrradanhänger, Tandems, Liegeräder und Dreiräder sowie Fahrräder mit Hilfsmotor müssen Sie zusätzlich noch eine zweite Fahrradkarte erwerben.

Weitere Informationen z. B. zu Reiseverbindungen,

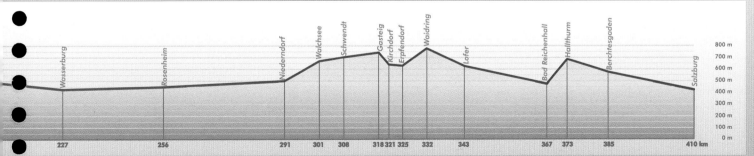

Fahrplänen od. Fahrpreisen erhalten Sie am Kundentelefon unter ☎ 01805/996633.

Österreich: Die direkte Fahrradmitnahme ist in Österreich nur in Zügen möglich, die im Fahrplan durch das Fahrradsymbol 🚲 bzw. (🚲) gekennzeichnet sind. Letzteres bedeutet, dass die Mitnahme nur zu bestimmten Zeiten erlaubt ist (Mo-Fr 9-15 Uhr und ab 18.30 Uhr, Sa ab 9 Uhr, So/Fei ganztägig). Zudem benötigen Sie eine Fahrradkarte und es muss genügend Laderaum vorhanden sein. Die Preise für die österreichischen Fahrradkarten sind wie folgt:

Fahrrad-Tageskarte: € 2,90
Fahrrad-Wochenkarte: € 6,50
Fahrrad-Monatskarte: € 19,60
Fahrrad-Jahreskarte: € 156,90

Für die internationale Fahrradkarte bezahlen Sie € 10,20.

Fahrradversand:

Wenn Sie in Deutschland Ihr Fahrrad im Voraus als Reisegepäck zum Zielort schicken wollen, wird dieses über den Hermes Versand abgewickelt. Der Transport kostet € 23,50, für jedes weitere Fahrrad werden € 18,40 berechnet. Die Lieferzeit beträgt 2 Werktage, Zustell- und Abholzeiten sind Mo-Fr 9-17 Uhr. Das Kurier-Gepäck-Ticket kaufen Sie entweder direkt mit Ihrer Bahnkarte oder über den Hermes-Versand, ☎ 01805/4884.

Sie sollten dabei jedoch folgendes beachten: das Fahrrad wird innerhalb Deutschlands nur direkt von Haus zu Haus zugestellt, d. h. keine Lagerung am Bahnhof möglich. Wenn Sie einen Bahnhof als Zustelladresse angeben, müssen Sie das Fahrrad direkt in Empfang nehmen. Es gibt jedoch auch Fahrradstationen die Ihnen einen Service als Zustell- oder Abholadresse bieten, Infos dazu bei der Radfahrer-Hotline:☎ 01805/151415.

Weiterhin besteht für die Verschickung von Fahrrädern Verpackungspflicht. Verpackungen können Sie bei der Bahn AG entweder leihen oder um € 5,– kaufen. Bestellung beim Kauf des Kuriergepäck-Tickets. In Österreich gibt es die Möglichkeit, des Haus-Haus-Gepäck-Services. Der Fahrgast bucht mit einer gültigen Fahrkarte oder einem gültigen Mietvertrag „Fahrrad am Bahnhof" diesen Service. Der Preis beträgt im Inland pro Fahrrad € 12,30, bzw. mit Vorteilscard € 8,70. Für den Versand nach Deutschland werden € 28,30 bzw. € 23,20 mit Vorteilscard verrechnet. Es wird täglich abgeholt und zugestellt. Für Sonn- und Feiertag wird ein Zuschlag von € 14,50 pro Sendung in Rechnung gestellt.

Rad & Bahn entlang der Strecke

Entlang der Strecke gibt es auch die Möglichkeit auf die Bahn umzusteigen, zum Beispiel können Sie von Salzburg aus direkt nach Straßwalchen oder nach Laufen fahren, auch von Laufen nach Freilassing können Sie mit der Bahn überbrücken, am Inn entlang ist es möglich von Wasserburg bis nach Niederndorf zu reisen, durch Tirol gibt es keinen Bahnanschluss. Erst wieder ab Bad Reichenhall, entweder direkt nach Salzburg oder bis Berchtesgaden.

Für sonstige weitere Informationen wenden Sie sich am besten an die Radfahrer-Hotline der Deutschen Bahn AG: ☎ 01805/151415 oder an das ÖBB Call-Center ☎ 05/1717.

Übernachtung

Entlang der Route gibt es immer genügend Gästezimmer. Im Salzkammergut, im Chiemgau, entlang des Inn-Flusses, in Tirol und im Raum Bad Reichenhall und Berchtesgaden sind ausreichend Hotels, Gasthöfe, Pensionen, Privatzimmervermieter und Campingplätze vorhanden. Besonders in den Sommer-Tourismusgebieten, wie Salzkammergut, rund um den Chiemsee oder in Tirol kann es im Sommer eng werden, ein Zimmer zu finden. Darum empfiehlt es sich gegebenenfalls im Voraus zu reservieren.

Mit Kindern unterwegs

Der Mozart-Radweg ist ein familienfreundlicher Radweg, da er zum Großteil auf ruhigen Nebenstraßen, Wirtschaftswegen und Radwegen verläuft. Es kommt sehr wenig Verkehr vor. Zwar gibt es einige starke Steigungen, aber für sportliche Kinder ab 10 Jahren ist der Radweg durchaus zu meistern.

Das Rad für die Tour

Als Rad für die Tour können Sie jedes geländegängige Fahrrad verwenden, Tourenräder und Trekkingbikes bieten den besten Reisekomfort.

Ratsam ist aber auf jeden Fall – egal bei welchem Fahrradtyp – eine Grundausrüstung an Werkzeug und Zubehör mitzuführen. Sie sollte Folgendes beinhalten: Ersatzschlauch und Flickzeug, Luftpumpe, Reifenheber, die gängigsten Schrauben- und Inbusschlüssel, Brems- und Schaltseil, Schraubenzieher, Öl sowie Kettenfett, Schmiertücher und Ersatzleuchten.

Zu diesem Buch

Dieser Radreiseführer enthält alle Informationen, die Sie für den Radurlaub entlang des Mozart-Radwegs benötigen: exakte Karten, eine detaillierte Routenbeschreibung, Stadt- und Ortspläne, ein ausführliches Übernachtungsverzeichnis und die wichtigsten Informationen und Sehenswürdigkeiten.

Und das alles mit der bikeline-Garantie: jeder Meter in unseren Büchern ist von einem unserer Redakteure vor Ort auf seine Fahrradtauglichkeit geprüft worden!

Die Karten

Einen Überblick über die geographische Lage des Mozart-Radwegs gibt Ihnen die Übersichtskarte auf der vorderen inneren Umschlagseite. Hier sind auch die Blattschnitte der einzelnen Detailkarten eingetragen. Diese Detailkarten sind im Maßstab 1 : 50.000 (1 Zentimeter = 500 Meter) erstellt. Zusätzlich zum genauen Routenverlauf informieren die Karten auch über die Beschaffenheit des Bodenbelages (befestigt oder unbefestigt), Steigungen (stark oder schwach), Entfernungen sowie über kulturelle und touristische Einrichtungen entlang der Strecke.

Beachten Sie, dass die empfohlene Hauptroute immer in Rot oder Violett, hingegen Varianten und Ausflüge in Orange dargestellt sind. Die genaue Bedeutung der einzelnen Symbole wird in der Legende auf Seite 4 erläutert.

Höhen- und Streckenprofil

Das Höhen- und Streckenprofil gibt Ihnen einen grafischen Überblick über die Steigungsverhältnisse, die Länge und die wichtigsten Orte entlang der Radroute. Es können in diesem Überblick nur die markantesten Höhenunterschiede dargestellt werden, jede einzelne kleinere Steigung wird in dieser grafischen Darstellung jedoch nicht berücksichtigt. Die Steigungs- und Gefälleverhältnisse entlang der Route finden Sie im Detail mit Hilfe der Steigungspfeile in den genauen Karten.

Der Text

Der Textteil besteht im Wesentlichen aus der genauen Streckenbeschreibung, die besonders in Siedlungsgebieten wichtig ist. Der Blick auf die Karte kann jedoch nicht ersetzt werden. Der fortlaufende Text beschreibt die empfohlene Hauptroute. Diese stichwortartigen Streckeninformationen werden, zum leichteren Auffinden, von dem Zeichen begleitet.

Unterbrochen wird dieser Text gegebenenfalls durch orange hinterlegte Absätze, die Varianten und Ausflüge behandeln.

Ferner sind alle wichtigen Orte zur besseren Orientierung aus dem Text hervorgehoben. Gibt es interessante Sehenswürdigkeiten in einem Ort, so finden Sie unter dem Ortsbalken die jeweiligen Adressen, Telefonnummern und Öffnungszeiten. In Großstädten bieten wir Ihnen allerdings nur eine Auswahl der wichtigsten Sehenswürdigkeiten an.

Die Beschreibung größerer Orte sowie historisch, kulturell und naturkundlich interessanter Gegebenheiten entlang der Route tragen zu einem abgerundeten Reiseerlebnis bei. Diese Textblöcke sind kursiv gesetzt und unterscheiden sich

dadurch optisch von der Streckenbeschreibung. Zudem gibt es kurze Textabschnitte in den Farben Violett oder Orange, mit denen wir Sie auf bestimmte Gegebenheiten aufmerksam machen möchten:

Textabschnitte in violett heben Stellen hervor, an denen Sie Entscheidungen über Ihre weitere Fahrstrecke treffen müssen; z. B. wenn die Streckenführung von der Wegweisung abweicht oder mehrere Varianten zur Auswahl stehen u. ä.

Textabschnitte in Orange stellen Ausflugstipps dar und weisen auf interessante Sehenswürdigkeiten oder Freizeitaktivitäten etwas abseits der Route hin.

Übernachtungsverzeichnis

Auf den letzten Seiten dieses Radtourenbuches finden Sie zu fast allen Orten an der Strecke ein Auswahl von günstig gelegenen Hotels und Pensionen. Dieses Verzeichnis enthält auch Jugendherbergen (🏠) und Campingplätze (⛺). Ab Seite 110 erfahren Sie Genaueres.

Von Salzburg nach Laufen

Keine Stadt der Welt ist prädestinierter als Ausgangspunkt für einen Mozart-Radweg als seine Geburtsstadt Salzburg. Im ersten Abschnitt folgen Sie Mozarts Spuren im berühmtesten Urlaubsgebiet Österreichs, im schönen Salzkammergut. Sie lernen idyllische kleine Städte wie St. Gilgen am Wolfgangsee, Mondsee oder Obertrum am Mattsee kennen. So wie Wolfgang Amadeus können Sie an reizvollen Plätzen verweilen, die Ruhe genießen, oder auf einen Kuss der Muse warten.

Der Radweg verläuft auf dem bereits bestehenden Salzkammergut-Radweg, also auf ruhigen Wirtschaftswegen und Nebenstraßen, entlang der Salzach auf einem gekiesten Radweg und durch das Chiemgau ebenso auf ruhigen Landstraßen, Forstwegen und auf Radwegen am Inn entlang. Verkehr kommt nur auf kurzen Streckenabschnitten vor. Es gibt einige Steigungen, denn das Gebiet ist hügelig, besonders im Salzkammergut.

11

Salzburg

PLZ: 5020; Vorwahl: 0662

- **🛈 Tourist-Information**, Auerspergstr. 7, ✆ 88987-0, Fax 88987-32
- **🛈 Information Hauptbahnhof**, Bahnsteig 2a, ✆ 88987-340
- **🛈 Information Mozartplatz**, Mozartpl. 5, 88987-330
- **🛈 Information Salzburg-Mitte**, Münchner Bundesstr. 1, ✆ 88987-350
- **🛈 Information Salzburg-Süd**, Park-and-Ride-Parkplatz, ✆ 88987-360
- **🛈 Information Flughafen**, Flughafen Ankunftshalle, ✆ 851211 od. ✆ 852091
- **🏛 Salzburger Barockmuseum**, Mirabellgarten, ✆ 877432, ÖZ: Di-Sa 9-12 und 14-17 Uhr, So, Fei 9-12 Uhr, europäische Kunst des 17. u. 18. Jh.
- **🏛 Museum im Bürgerspital**, Bürgerspitalg. 2, ✆ 847560, ÖZ: Di-So 9-17 Uhr. Spielzeugsammlung, Kunstgewerbe, historische Musikinstrumente.
- **🏛 Salzburger Museum Carolino Augusteum**, Museumspl. 1, ✆ 841134-0, ÖZ: Di 9-20 Uhr, Mi-So 9-17 Uhr. Kunst- und Kulturgeschichte von Stadt und Land Salzburg.
- **🏛 Domgrabungsmuseum**, Residenzplatz, ✆ 845295, ÖZ: Mai-Okt., Mi-So 9-17 Uhr, Ausgrabungen der mittelalterlichen

Mirabellgarten

Dome und römische Gebäudereste.
- **🏛 Dommuseum**, Eingang Domvorhalle, ✆ 844189, ÖZ: 2. Mai-26. Okt., Mo-Sa 10-17 Uhr, So/Fei 13-17 Uhr; Kunst der Erzdiözese Salzburg vom Mittelalter bis zum 19. Jh., fürsterzbischöfliche Kunst- und Wunderkammer.
- **🏛 Haus der Natur**, Museumspl. 5, ✆ 842653, ÖZ: tägl. 9-17 Uhr, Naturkundemuseum mit Aquarium, Reptilienzoo und Weltraumhalle.
- **🏛 Rupertinum**, Wiener-Philharmoniker-G. 9, ✆ 8042-2336, ÖZ: tägl. außer Mi u. Mo 10-17 Uhr, Mi 10-21 Uhr, Mitte Juli-Ende Sept., Do-Di 9-17 Uhr, Mi 9-21 Uhr; moderne Galerie, Graphische Sammlung, Fotogalerie.
- **🏛 Mozarts Geburtshaus**, Getreideg. 9, ✆ 844313, ÖZ: 1. Jan.-26. Juni, tägl. 9-18 Uhr, 27. Juni-30. Aug., 9-19 Uhr, 31.

Aug.-31. Dez., 9-18 Uhr; Wohnung der Familie Mozart, Gegenstände aus seinem Leben und Schaffen.
- **🏛 Mozarts Wohnhaus**, Makartpl. 8, ✆ 883454-40, ÖZ: tägl. 10-18 Uhr; Mozart und seine Welt von 1773 bis 1780, Instrumentensammlung.
- **🏛 Trachtenmuseum**, Griesg. 23/I, ✆ 843119, ÖZ: Mo-Fr 10-12 u. 14-17 Uhr, Sa 10-12 Uhr, Salzburger Trachten einst und jetzt.
- **🏛 Salzburger Freilichtmuseum**, Hasenweg, 5084 Großgmain, ✆ 850011, ÖZ: 22. März-2. Nov., Di-So 9-18 Uhr, 25. Dez.-6. Jän., tägl. 10-16 Uhr. Auf einem 50 Hektar großen Areal am Fuße des Untersberges wurden historisch wertvolle Bauernhöfe (16. bis 20. Jh.) aus dem Land Salzburg errichtet.
- **🏰 Dom**, Dompl.; monumentalster Frühbarockbau nördlich der Alpen.
- **🏰 Erzabtei St. Peter und Katakomben**, ✆ 844578-0, Führungen: Mai-Sept., tägl. zwischen 10 und 17 Uhr, Okt.-April, tägl. 10.30-15.30 Uhr.
- **🏰 Feste Hohensalzburg** mit **Burgmuseum** und **Rainermuseum**, Mönchsberg 34, ✆ 842430, ÖZ: Nov.-März, tägl. 9-17 Uhr, April, Mai, Juni, Okt., tägl. 9-18 Uhr, Juli, Aug., Sept., tägl. 8-19 Uhr. Mit der Standseilbahn (s. u.) oder zu Fuß erreichbar; größte vollständig erhaltene Burg Mitteleuropas, 1077 erbaut und später erweitert.

- **Residenz**, Residenzpl. 1; seit 1120, um 1600 unter der Leitung von Lukas von Hildebrandt prunkvoll ausgestattet; Residenzgalerie, ☎ 840451, ÖZ: tägl. 10-17 Uhr, Okt. u. März geschl; Europäische Malerei des 16. bis 19. Jh.
- **Schloss Mirabell und Mirabellgarten**. Das Schloss, ursprünglich 1606 erbaut, wurde 1721-27 von Lukas von Hildebrandt umgestaltet. Im Garten finden sich Statuengruppen aus der griechischen Mythologie.
- **Schloss Hellbrunn**, ☎ 820372, ÖZ: Apr., tägl. 9-16.30 Uhr, Mai-Sept., tägl. 9-17 Uhr, Okt., tägl. 9-16.30 Uhr. Wasserspiele und Volkskundemuseum.
- **Pferdeschwemme**, 1695 nach Entwürfen von Fischer von Erlach erbaut.
- **Glockenspiel**, Mozartpl. 1, ☎ 8042-2276, Spielzeiten tägl. 7, 11, 18 Uhr. Die 35 Glocken stammen aus Antwerpen, das Glockenspiel wurde unter Fürsterzbischof Johann Ernest Graf Thun im Jahr 1702 errichtet.
- **Festungsbahn**, Festungsgasse 4, ☎ 842682, ÖZ: Jan.-April, 9-17 Uhr, Mai-Sept., 9-21 Uhr, Okt. bis Dez., 9-17 Uhr, Abfahrt alle 10 Minuten.
- **Mönchsbergaufzug**, Gstätteng. 13, ☎ 620551-180, ÖZ: tägl. 9-23 Uhr, nach Bedarf; wenn das Café Winkler geschlossen ist, 9-19 Uhr.

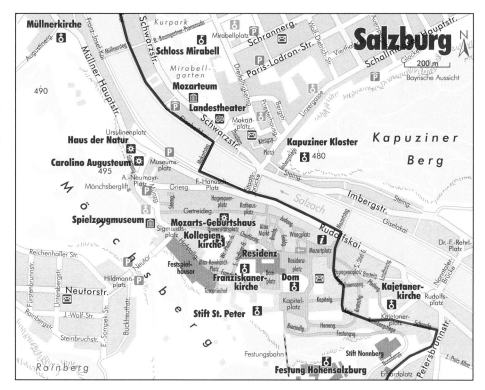

✪ **Aussichtsterrasse.** Mit dem Aufzug zum Café Winkler erreichen Sie die Terrassen mit einem wunderschönen Blick über Salzburg.

✪ **Jedermann-Aufführung,** Im Rahmen der Salzburger Festspiele wird jedes Jahr in den Sommermonaten der „Jedermann" von Hugo v. Hofmannsthal aufgeführt.

✪ **Funktaxi mit Fahrradbeförderung,** ☎ 8111 od. ☎ 1715; Voranmeldung erforderlich.

✪ **Tiergarten Hellbrunn,** ☎ 820176, ÖZ: Nov.-März, tägl. 8.30-16 Uhr, April-Mai, tägl. 8.30-17.30 Uhr, Juni-13. Sept., tägl. 8.30-19. Uhr, Fr. u. Sa bis 21 Uhr, 14. Sept.-Okt., tägl. 8.30-17 Uhr.

Mirabellgarten

Von der Stadt Salzburg geht – nicht zuletzt durch die Tatsache, dass hier Wolfgang Amadeus Mozart geboren wurde – ein Zauber aus, der nur selten von den erlebnishungrigen Touristenströmen als solcher erkannt wird. Allein die Innenstadt ist eigentlich ein Gesamtkunstwerk. Glücklich ist, wer von einem detailreich verzierten Häuschen oder gar von einem Domizil am Mönchsberg auf das rastlose Treiben in den Gassen blicken kann. Er wird unweigerlich von dieser Stadt schwärmen, die seinerzeit unter Kennern und Gönnern als „Rom nördlich der Alpen" gegolten hat.

Beginnend im Barock und seit der Zeit Mozarts in steigendem Maße, hat die Salzburg-Begeisterung der Welt von Jahr zu Jahr zugenommen, um im vorigen Jahrhundert, dem Jahrhundert der Festspiele, einen kaum mehr überbietbaren Höhepunkt zu erreichen.

Heute ist das Verhältnis der Salzburger zu ihrer Stadt zwiespältig. Einerseits gibt es ein starkes Bestreben, die Tradition zu bewahren, andererseits ist der Vormarsch der Modernisierer kaum aufzuhalten und ein – zugegeben ausgeprägter – Geschäftssinn beherrscht die Stadt.

Wer abseits des Festspieltaumels und der Touristenstoßzeiten hinter die sakrosankte Kulisse der Mozartstadt blickt, erlebt das „echte Salzburg" mit dem lebhaften Wochenmarkt auf dem Mirabell- oder Universitätsplatz und dem blassvioletten Licht der späten Nachmittagsstunden über den kostbaren Altstadthäusern, riecht den einladenden Duft von frischem Backwerk, der den feinen Konditoreien und den beschaulichen Kaffeehäusern entströmt, und kann den persönlichen, nicht den weltmännischen Geist der Stadt auf sich wirken lassen.

Von Salzburg nach Unzing   16,5 km

Von der Altstadt aus am rechten Salzachufer Richtung Norden.

Tipp: Ab hier verläuft der Mozart-Radweg auf der Strecke des Salzkammergut-Radweges. Zahlreiche Touren durch das Salzkammergut sind im *bikeline*-**Radatlas Salzkammergut** beschrieben.

Wenige Meter vor der Autobahnbrücke

zweigt der Radweg nach rechts ab.

Tipp: Der Tauern-Radweg verläuft am rechten Salzachufer weiter. Zu dieser Tour gibt es ein eigenes *bikeline*-Radtourenbuch Tauern-Radweg.

Der asphaltierte Fuß- und Radweg begleitet den Alterbach ⁓ den Gaißberg vor Augen bis zur Eisenbahnunterführung ⁓ dann unter zwei Straßenunterführungen hindurch ⁓ an der Bundesstraße auf dem Radweg nach links weiter ⁓ knapp 300 Meter später nach rechts in die **Samstraße** einbiegen ⁓ ein alter Tunnel führt unter der Eisenbahn hindurch ⁓ schließlich versperrt ein Pfosten mehrspurigen Kraftfahrzeugen den Weg.

Hier beginnt die Trasse der ehemaligen Ischlerbahn. Die Schmalspurbahn verkehrte von 1891 bis 1957 zwischen Salzburg und Bad Ischl. Wirtschaftliche Gründe in den fünfziger Jahren beendeten den Betrieb des dampfbetriebenen Bummelzuges.

Schnurgerade hinaus in die Wiesen und

Felder ~ rechter Hand beherrscht der Gaißberg das Bild ~ 400 Meter nach der netten Kapelle auf einer Holzbrücke über eine Querstraße ~ etwas später über die Vorfahrtsstraße ~ knapp hintereinander postierte Begrenzungspflöcke bieten einen lustigen Anblick ~ die Route führt durch ein romantisches Waldstück ~ bei der Abzweigung zu den Orten Zilling und Esch geradeaus Richtung Eugendorf ~ schließlich taucht die aus 15 Bogen bestehende mächtige **Autobahnbrücke** auf.

Auf dem **Ischlerbahnweg** darunter hindurch ~ neben der Bundesstraße 1 verläuft die Route weiter ~ auf dem **Sofienweg** durch die gleichnamige Siedlung ~ dann zweigt nach links die **Dürnbichlerstraße** ab ~ schnurgerade in die Ortsmitte zur Pfarrkirche und dem Holznerwirt.

Eugendorf

PLZ: 5301; Vorwahl: 06225

🛈 **Tourismusverband**, Salzburger Str. 7, ☎ 8424, Fax 7773

🏛 **Pfarrkirche zum Hl. Martin**, Die 1736/37 erneuerte Kirche geht auf das Jahr 788 zurück. Die Kreuzigungsgruppe stammt

vom Barockbildhauer Meinrad Guggenbichler.

Die älteste urkundliche Erwähnung von Eugendorf stammt aus dem Jahr 736 und erfolgte unter Herzog Hubert von Bayern. Vor allem während des Hochmittelalters siedelten in Eugendorf viele verschiedene Adelsgeschlechter, unter ihnen waren auch die Kalhamer zu finden. Diese galten als mächtige Dienstmannschaft des Erzbischofs und hatten einen großen Grundbesitz. Sie erledigten viele militärische Aufgaben, besaßen das Recht, Lehen weiter zu verleihen und ritterliche Gefolgschaften zu ernennen. Außerdem waren sie in Eugendorf über 200 Jahre für die Gerichtsbarkeit zuständig. Im 12. Jahrhundert und im 20. und 21. Jahrhundert nahm die Bevölkerung stark zu.

Eugendorf erlebte daraufhin einen starken wirtschaftlichen Aufschwung, indem sich viele Firmen hier ansiedelten. Heute gilt Eugendorf, nachdem es 1987 zur Marktgemeinde ernannt wurde, als das „Tor von Salzburg". Es liegt direkt an der Autobahn und ist ein beliebtes Golferparadies, da es eine der schönsten und modernsten Golfanlagen Österreichs zu bieten hat. Für Sportbegeisterte werden hier aber noch viele weitere Aktivitäten wie z.B. Reiten, Radfahren, Tennis, Squash und Kegeln geboten. Und auch die Pflege des Brauchtums wird hier noch groß geschrieben: während des Sommers werden Platzkonzerte und Straßentheater geboten, verschiedene Feste und kulinarische Veranstaltungen abgehalten und im Winter gibt es jährlich diverse Veranstaltungen wie z.B. einen Adventmarkt und den Perchtenlauf.

Hinter der Kirche beim Kriegerdenkmal nach rechts abzweigen ~ an der übernächs-

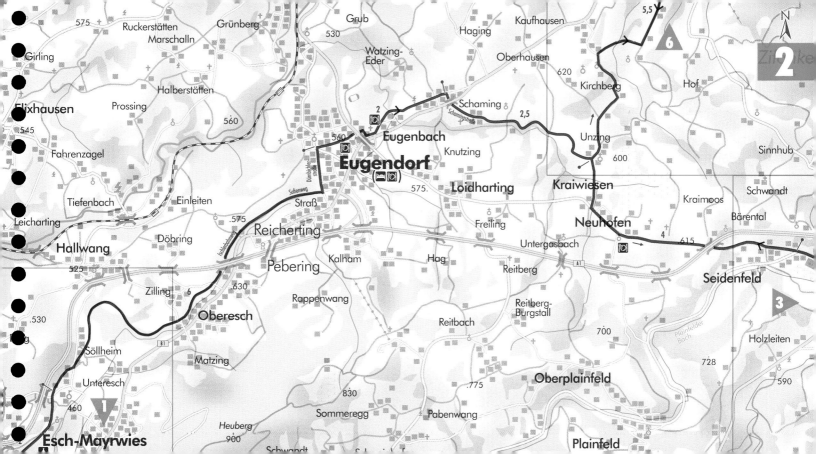

ten Möglichkeit geht es rechts hinein Richtung Henndorf ∼ gleich darauf trotz Sackgassenschild in die **Feldgasse** einbiegen ∼ ein Fußgängertunnel mit einer Durchgangshöhe von zwei Metern führt unter der Straße hindurch ∼ dahinter auf dem **Santnerweg** nach rechts bis zur **Alten Wienerstraße** ∼ auf dieser nun nach rechts durch Eugenbach, bis an die Kreuzung mit der **Schamingstraße**.

Der Mozart-Radweg biegt nach rechts in die Schamingstraße ein und führt unter der Bundesstraße hindurch ∼ auf kurvenreicher Strecke über **Schaming** ∼ nach zwei Kilometern ist ein großes Gehöft bei **Unzing** erreicht.

Tipp: Hier können Sie entscheiden, ob sie den Abstecher der Hauptroute nach St. Gilgen fahren und wieder zurück, um dann weiter auf der Hauptroute über Henndorf nach Köstendorf zu gelangen. Oder ob Sie hier sofort Richtung Köstendorf abbiegen und den Weg nach St. Gilgen aussparen. Dafür lesen Sie weiter auf Seite 28. Sie können aber auch auf dem Rückweg von St. Gilgen bei der

Wagnermühle die Alternative über Mondsee und Irrsee wählen. Diese verläuft auf dem Salzkammergut-Radweg (s. S. 23/24).

Von Unzing bis St. Gilgen   27 km

Richtung St. Gilgen nach rechts hinunter zur **Thalgauer Landesstraße** ∼ in **Kraiwiesen** nach links abbiegen ∼ ein Rad- und Fußweg verläuft parallel der Vorfahrtsstraße bis zum Gasthof in **Neuhofen** ∼ davor unterquert der Radweg die Landesstraße.

4 Kilometer lang auf der Landesstraße, welche unter der Autobahn und dem Auto-

bahnzubringer hindurchführt ∼ der markante Felsaufbau des Schober und die Drachenwand dominieren das Landschaftsbild ∼ in **Unterdorf** bei der Bushaltestelle links über die Brücke und sofort rechts ∼ am **Feuerwehrhaus** vorbei ∼ entlang des Mitterbachs zieht sich der Fahrweg dem Kirchturm von Thalgau entgegen ∼ nach dem **Gasthaus Betenmacher** beim Sägewerk rechts über die Brücke ∼ zur **Salzburger Straße** ∼ links ins Zentrum von Thalgau.

Thalgau

PLZ: 5303; Vorwahl: 06235

🛈 **Tourismusverband**, Marktplatz 4, ☏ 7350

🏛 **Hundsmarktmühle**, Egg 24, ☏ 6417 od. ☏ 6363, ÖZ: Juli-Okt., Sa 14-17 Uhr. Thema: Geschichte von Thalgau, div. Sonderausstellungen.

🛐 **Dekanatskirche**. Die 1745-55 erbaute Kirche von Tobias Kendler entstand an Stelle eines gotischen Vorgängers.

🏰 **Burg Wartenfels**. Die Mauerzüge auf kühnem Fels am Fuß des Schober sind Reste eines Bergfrieds mit angebautem Palais und einer Vorburg aus dem 13. Jh.

Thalgau wurde 788 erstmals als „Talgove"
urkundlich erwähnt. 1259 errichtete Konrad von

Kahlham eine Burg, die er jedoch 1301 dem Salzburger Erzbischof verkaufte. Lange Zeit war in der Burg das Pfleggericht untergebracht. Als es 1564 in das Gerichtsgebäude in Thalgau verlegt wurde, fand sich für die Burg keine Verwendung mehr, woraufhin sie verfiel – heute sind von der Burg nur mehr einige Mauerzüge zu sehen. In der Zeit des 30-jährigen Krieges war Thalgau ein wichtiges Zentrum der Landesverteidigung, da der Erzbischof Paris Lodron ein Rüsthaus errichtete in dem das Waffenlager untergebracht wurde. Nachdem Thalgau im Laufe der Jahre immer größer wurde, erfolgte 1976 die Ernennung zur Marktgemeinde. Auch heute noch ist Thalgau, welches auch „Tor zum Salzkammergut" genannt wird, ein landwirtschaftlich geprägter Ort, der sich aber mittlerweile zu einem beliebten Tourismus- und Naherholungsort entwickelt hat.

Die Route folgt der **Ferdinand-Zuckerstätter-Straße** Richtung Mondsee und St. Lorenz ☞ am Marktbrunnen rechts vorbei

Richtung **Schulzentrum** ~ am Schulzentrum vorbei aus Thalgau hinaus ~ Richtung Vetterbach vorbei an der **Reinhalteverbandsanlage** ~ der Radweg schlängelt sich, begrenzt von einer Leitschiene, durch die Wiesen ~ ein schmaler holpriger Weg führt dann über die **Fuschler Ache** wieder zur Vorfahrtsstraße.

Tipp: Hier markiert ein Grenzstein die Landesgrenze zwischen Salzburg und Oberösterreich. Deshalb wechselt auch die Beschilderung vom Salzkammergut-Radweg zum Mondseelandweg.

200 Meter hinter der Landesgrenze zweigt der **Güterweg Kanten** nach rechts ab ~ beim Bildstock links ~ einen guten Kilometer weiter nach rechts Richtung Ruine Wartenfels und Schober ~ an der kleinen Verkehrsinsel mit den drei jungen Birken nach links ~ an der Vorfahrtsstraße rechts ~ die Route schlängelt sich durch Wiesen und Felder, in denen vereinzelt Bauernhöfe und Einfamilienhäuser stehen ~ schließlich auf einem kleinen Steg über die Fuschler Ache zur **Wagnermühle**.

St. Gilgen

Tipp: Hier zweigt links die Alternativroute über Mondsee und Irrsee ab.

Entlang der Fuschler Ache auf das nette doppeltürmige Kirchlein von St. Lorenz zu.

Tipp: Vor der renovierten Kirche steht ein alter Lindenbaum und bei einer Rast im Gasthof Drachenwand können Sie die mächtig aufragende Drachenwand in allen Einzelheiten studieren.

Bei der Ortstafel von Plomberg stoßen Sie wieder auf die **B 154** ~ auf dem straßenbegleitenden Radweg nach Scharfling unübersehbar beherrscht der Schafberg das Blickfeld ~ durch **Scharfling** verläuft wieder ein Radweg ~ danach 2 Kilometer auf der B 154 hinauf zur **Scharflinger Höhe**.

Tipp: Hier liegt lieblich in die Landschaft eingebettet der tiefgrüne Krottensee, über dem Schloss Hüttenstein thront. Im Gasthof Batzenhäusl können Sie die Idylle in Ruhe genießen. Seit Scharfling sind Sie wieder im Salzburger Land.

Nach einer weiten Linkskurve weist das Radschild nach links Richtung St. Gilgen ~ die **Mondseer Straße** führt durch ein kleines Wäldchen und an schönen Villen vorbei hinunter ins Ortszentrum.

St. Gilgen
PLZ: 5340; Vorwahl: 06227

🛈 **Tourismusverband**, Mozartplatz 1, ☎ 2348, Fax 72679

⚓ **Wolfgangsee-Schifffahrt**, St. Wolfgang, Markt 35, ☎ 06138/2232-0, ÖZ: Mai bis Okt.

🏛 **Musikinstrumente-Museum**, Aberseestr., ☎ 8235, ÖZ: Mo-Fr 9-12 Uhr u. 14-18 Uhr, Sa 9-13 Uhr. Das Museum informiert über verschiedene Länder, Landschaften und Volksstämme sowie deren Musik, Bräuche und Kultur.

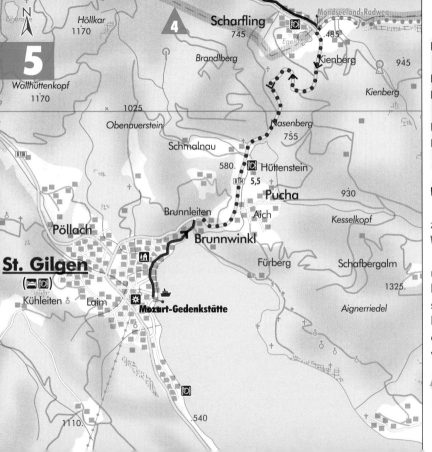

- 🏛 **Wetzl-Einsiedlerhaus**, Pichlerpl. 6, ✆ 2642, ÖZ: Juni-Sept., Di-So 10-12 Uhr und 14-18 Uhr. Heimatkundliches Museum.
- 🔲 **Pfarrkirche St. Aegydius**, um 1300 erbaute gotische Kirche mit spitzem Turm
- 🔲 **Schloss Hüttenstein**. Wurde 1843 anstelle einer Burgruine im Stil des romantischen Historismus errichtet.
- ✳ **Zwölferhorn-Seilbahn**, Raiffeisenpl. 3, ✆ 2350, tägl. 9-18 Uhr.
- ✳ **Mozart-Gedenkstätte**, Ischler Str. 15, ÖZ: Juni bis Sept., Di-So 10-12 Uhr und 14-18 Uhr. Im früheren Pfleggericht und heutigem Bezirksgericht wurde 1720 die Mutter Mozarts geboren.

Von St. Gilgen nach Unzing   27 km

Von St. Gilgen auf dem bereits bekannten Weg wieder zurück bis zur Wagnermühle.

Wagnermühle

Tipp: Hier zweigt die Alternativroute über Mondsee und Irrsee nach Norden ab. Sie folgen immer der Beschilderung des Salzkammergut-Radweges bis nach Köstendorf. Dieser Weg ist landschaftlich sicher reizvoll – es geht am Mondsee entlang, durch den bezaubernden Ort Mondsee hindurch und danach am Westufer des Irrsees entlang bis nach Oberhofen und weiter nach Straßwalchen, zwei sehenswerte Orte des Salzkammergutes.

Am Irrsee entlang   29 km

In Wagnermühle rechts Richtung Mondsee ∾ über die Brücke und

dem Radschild des Mondseeland-Radweges folgen ~ über die **Fuschler Ache** und weiter bis an die Vorfahrtsstraße ~ ein kurzes Stück nach links ~ gleich nach der **Bushaltestelle** rechts einbiegen ~ auf diesem Weg kommen Sie zum Mooshäusl.

Mooshäusl

Es folgen zwei Linkskurven und danach geradeaus ~ bergauf und rechts dem Straßenverlauf folgen ~ dann rechts in die Wohnstraße einbiegen ~ es geht nun direkt am Ufer des Mondsees entlang durch Schwarzindien hindurch.

Schwarzindien

Der ungewöhnliche Name Schwarzindien ist zu Beginn des 20. Jahrhunderts entstanden: Damals kamen viele Adelige an den Mondsee zur Sommerfrische. Die einheimischen Jugendlichen, die natürlich auch an den Ufern des Mondsees ihre Freizeit verbrachten, wurden vertrieben um keine Gefahr für diese gute Einnahmequelle darzustellen. Natürlich bräunte sich die Haut dieser Jugendlichen von der Son-

Boote auf dem Mondsee

ne. Schließlich beschlossen sie, ihr Gebiet, auf dem jetzt die Sommerfrischler zu finden waren, zurückzuerobern. Zur Hilfe bauten sie sich ein Floß, um vom Mondsee aus in ihr „Revier" zu gelangen. Als die Touristen die stark gebräunten Jugendlichen sahen riefen sie: „Da kommen sie, die schwarzen Indianer". Dies gefiel den „Vertriebenen" so gut, dass sie eine eigene Flagge entwarfen, woraufhin ihnen die Gemeinde eine Urkunde ausstellte – und seit diesem Zeitpunkt gibt es nun Schwarzindien am Mondsee.

Die Wohnstraße endet ~ weiter geradeaus, parallel zur Straße ~ am Höribachhof vorbei.

Höribachhof

Der Höribachhof war ursprünglich der Meierhof des Klosters Mondsee. Er weist auch heute noch, nach seiner Renovierung, das Aussehen des 15. Jahrhunderts auf. Heute wird der Höribachhof für Ausstellungen, Musikveranstaltungen, Präsentationen, Seminare und Tagungen genutzt. Es besteht aber auch die Möglichkeit, die Räume für private Zwecke, wie z.B. Hochzeiten und Geburtstagsfeiern zu mieten. Nähere Infos gibt es unter: ☏ 06232/ 27585.

Es folgt Gaisberg.

Gaisberg

Der Radweg biegt rechts ein ~ am **Sägewerk** vorbei ~ wieder an die Straße und hier rechts ~ bis Mondsee ist es noch ein Kilometer ~ beim **Gasthof Lackner** rechts Richtung Mondsee Süd ~ über die Zeller Ache ~ am **Alpenseebad** vorbei ~ links Richtung Mondsee Zentrum.

Mondsee

PLZ: 5310; Vorwahl: 06232

🛈 **Tourismusverband**, Dr.-Müller-Str. 3, ✆ 2270

⚓ **Mondsee-Schifffahrt**, ✆ 4934, 2195, ÖZ: April-Okt.

🏛 **Rauchhaus**, Freilichtmuseum, ✆ 2270, ÖZ: ab 18. April Sa, So, Fei. 10-17 Uhr, 1. Mai.-7. Sept. Di-So 10-18 Uhr, 8. Sept.-5. Okt. Di-So 10-17 Uhr, 6.-26. Okt., Sa, So, Fei 10-17 Uhr. Original-„Einhof" mit dazugehörigem Hausrat.

🏛 **Heimat- und Pfahlbaumuseum**, Schloss Mondsee, ✆ 2270, ÖZ: 1. Mai-29. Juni Di-So 10-17 Uhr; 30. Juni-7. Sept. Di-So 10-18 Uhr; 8. Sept.-5. Okt. Di-So 10-17 Uhr; 6. Okt.-26. Okt. Sa, So, Fei 10-17 Uhr.

🏛 **Salzkammergut-Lokalbahn-Museum**, Seebadstr. 2, ✆ 2270, ÖZ: 7. Juni-14. Sept. Sa, So, Fei 10-12 Uhr und 14-17 Uhr, 4. Juli-12. Sept. zusätzlich Fr 14-17 Uhr.

🏰 **Ehem. Benediktinerstift**, hier existierte von 748 bis 1786 das drittälteste Stift Österreichs. Aus dem ehemaligen Stiftsgebäude entstand 1774-78 nach einem Großbrand ein Schloss. Darin befindet sich das Heimatmuseum.

🏰 **Stiftskirche St. Michael**, die dreischiffige gelbe Basilika von 1470 beherrscht den vorgelagerten Platz. Innen besitzt sie eine herrliche Barockausstattung.

❎ **Marktplatz**, besteht teils aus sehenswerten Bürgerhäusern des 16. bis 18. Jh.

Auf der **Herzog-Odilo-Straße** durch die hübsche Altstadt 〰 beim **Gasthof Grüner Baum** geradeaus weiter 〰 gleich hinter der **Autobahn** auf den **Güterweg Hingen** einschwenken 〰 im **Ortsteil Schlössl** geht es geradeaus durch eine neue Wohnsiedlung 〰 die Radschilder des Mondseelandweges dirigieren nach links hinunter zur B 154 〰 beim Lagerhaus über die Straße und zur **Haidermühle** 〰 hier scharf nach rechts abbiegen 〰 nach etwas über einem Kilometer an der Weggabelung den Radschildern Richtung Oberhofen folgen.

Beim **Hotel Pöllmann** erreichen Sie das Westufer des Irrsees 〰 eine schmale Landstraße verläuft dann oberhalb des Seeufers hügelig ans Nordende des Sees 〰 unterwegs an gemütlichen Gasthöfen, Campingplätzen und großen Bauernhöfen vorbei 〰 nahe der B 154 im **Weiler Laiten** nach links abbiegen 〰 800 Meter weiter rechts 〰 wenige Meter später

nach links auf den Feldweg einschwenken 〰 dieser führt auf die Kirche von Oberhofen zu 〰 am Ortsanfang biegt die Route nach links in die Ortsmitte ab.

Oberhofen am Irrsee

PLZ: 4894; Vorwahl: 06213

🛈 **Tourismusverband**, Nr. 12, ✆ 8273, Fax 2154

🏰 **Pfarrkirche** mit Guggenbichler Altären.

🏰 **Ruine Wildeneck**. Erdwälle und ein kleiner Mauerrest bezeichnen den Standort des im 13. Jh. als Sitz eines großen Landgerichtes wichtigen Burg.

Ab nun übernehmen die Radschilder des Salzkammergut-Radweges wieder das Kommando ⁓ bei der **Bahnstation Oberhofen-Zell am Moos** geradeaus weiter ⁓ nach der Bahnunterführung geradeaus zur B 154 ⁓ hier nach links für 700 Meter ⁓ ein Grenzstein markiert die Landesgrenze zu Salzburg ⁓ dann nach links Richtung Taigen abzweigen ⁓ 300 Meter weiter nach rechts ⁓ umgeben von saftigen Wiesen erreichen Sie **Irrsdorf** ⁓ die Holzhütte des Brieftauben-Sportvereins ist ein nicht alltägliches Bauwerk ⁓ in Irrsdorf immer neben dem Bach bleiben.

Nach dem Wechsel auf die andere Straßenseite kommen die Neubauten der Reihenhaussiedlung von **Thalham** ins Bild ⁓ in Thalham am **Gasthof Asen** und an einem Bauwerk, das die Phantasien der Architekten widerspiegelt, vorbei ⁓ auf der linken Straßenseite der B 154 verläuft ein Radweg bis zur Einmündung auf die Bundesstraße 1 ⁓ der Salzkammergut-Radweg überquert die Bundesstraße und führt auf der **Köstendorfer Straße** weiter ⁓ nach rechts geht es ins Ortszentrum.

Strasswalchen
PLZ: 5204; Vorwahl: 06215

🛈 **Tourismusverband**, Salzburger Str. 26., ✆ 6420, Fax 5455

🏛 **Pfarrkirche St. Martin**. Die Kirche aus dem 15. Jh. wurde im 18. Jh. barockisiert. Der 1675 geschaffene Hochaltar ist das erste bedeutende Werk von Meinrad Guggenbichler.

✳ **Fantasiana**, im Norden von Straßwalchen an der B 1, ✆ 8181, ÖZ: Mai bis Okt., 10-18 Uhr. Spiel & Spaß für die ganze Familie im Erlebnispark.

✳ **Ballonfahren**; „Auf den Spuren von Ikarus" schwebt man über die Seen und Hügellandschaft des Alpenvorlandes. Informationen beim Tourismusamt.

✉ **Erlebnisbad**, ✆ 6420, ÖZ: tägl. 10-19 Uhr.

Der Name Strasswalchen ist vermutlich auf die „Walchen" zurückzuführen. Als „Walchen" wurden romanisierte Kelten und nicht abgewanderte Römer nach der Landnahme durch die Kelten bezeichnet. Die erste urkundliche Erwähnung von Strasswalchen stammt aus dem Jahr 799, besiedelt dürfte das Gebiet aber schon seit etwa 2000 v. Chr. gewesen sein, wie einige Funde beweisen. 1458 erhält der Ort von Erzbischof Burkhard II. von Weisspri-ach das Marktrecht. Nachdem Strasswalchen in den folgenden Jahrhunderten mehreren Bränden und Verwüstungen durch die Franzosen zum Opfer fällt, beginnt der Ort, nach der Eröffnung der Kaiserin-Elisabeth-Westbahn stetig zu wachsen. Daraufhin erlebt Strasswalchen auch einen wirtschaftlichen Aufschwung und bis heute ist Strasswalchen ein beliebter Wohnort geblieben, in dem vor allem auch immer mehr Stadtbewohner, aufgrund des ländlichen Charakters, ihren Lebensmittelpunkt einrichten.

Auf der **Köstendorfer Straße** durch eine große Reihenhaussiedlung ⁓ hinter den Bahngleisen kurvt die schmale Landstraße nach Köstendorf.

Köstendorf
PLZ: 5203; Vorwahl: 06216

🛈 **Gemeindeamt**, Kirchenstr. 5, ✆ 5313

🏛 **Heimatmuseum**, ✆ 6554, ÖZ: Juni-Sept., Sa 9-12 Uhr od. n. V. Das Museum bietet Informationen über die Geschichte von Köstendorf, den Maler Joseph Mösl, Handwerk, Trachten, Jagd, landwirtschaftliche Geräte und die Volkskunst.

N

Tannberg 785

Holzfeld

540

Ruckling

Haunbach

Bodenberg

Eck

Bruckmoos

Thalham

2,5

Rattensam

Neuhofen

Schwand

Tannham

Enharting

Straßwalchen

Rattenberg

Irrsdorf

.590

Stockham

.545

4,5

B 1

Stadlberg

Quengert

B 154

550

Pirach

2,5

Winzerroid

Reitzing

Gramling

Steindorf

545

Vogltenn

Gramlinger Straße

Köstendorf

Hofstätter

Irrsberg

845

Taigen

Rabenschwand

575

Oberhofen

Kogler Berg 820

Klein-köstendorf

1,5

Neumarkt
am Wallersee

565

Pfongau

Vielweg

Lengroid

.655

.585

Roid

Wegdorf

585

Schoibernberg 885

550

Sighartsstein

⚜ Schloss Sighartsstein

580

Gegend

Oberschwand

Edhof

Schalkham

Kollmannsroid

Wallester

Laiten

Maierhof

550

Thalham

Wertheim

Stampfl

Irrsee 1

Gommersberg

805

Wiedweng

Matzing

Brunnkehrer

Sommerholz

Fischhof

Wierer

8

6

7

❸ Dekanatspfarrkirche, die im 15. Jh. errichtete Kirche war vom Spätmittelalter bis ins 18. Jh. eine bedeutende Marien-Wallfahrtskirche.

Das Gebiet um Köstendorf war schon in der Zeit von 1200-500 v. Chr. besiedelt. Ein bekannter Bürger der 788 erstmals urkundlich erwähnten Gemeinde ist der Porträtmaler Joseph Mösl. Er wurde am 13. Januar 1821 in der Moosmühle geboren. Joseph Mösl lernte den Beruf des Müllers, wurde aber vom Salzburger Erzbischof Friedrich VI. „entdeckt". Daraufhin lernte er einige Zeit beim Maler Sebastian Stief und von 1842-46 besuchte er die Münchener Kunstakademie. Während der nächsten Jahre gestaltete er den Dom zu Speyer und malte einen Großteil seiner Kunstwerke. Joseph Mösl starb bereits 1851 nach einem kurzen Leben in seinem Geburtshaus. Teile seiner Werke sind in Salzburg im Museum Carolino Augusteum zu sehen; zur Erinnerung an den Maler ist in Köstendorf eine Marmor-Gedenktafel an der Friedhofsmauer angebracht.

Tipp: Hier in Köstendorf trifft die Variante wieder auf die Hauptroute, die über Henn-dorf verläuft und der Mozart-Radweg führt nun Richtung Mattsee weiter.

Von Unzing nach Köstendorf   18 m

Die Hauptroute biegt in Unzing vom Salzkammergut-Radweg links ab. (Karte 6)

Unzing

An der Kirche vorbei und am Ortsende links ⟿ auf der **Unzingstraße** folgen Sie dem Radschild Richtung Henndorf ⟿ im Rechtsbogen durch das Gehöft ⟿ leicht bergauf im Rechtsbogen am nächsten Hof vorbei ⟿ auf der **Kirchbergstraße** in den Wald hinein ⟿ zur Linken befindet sich der Kirchberg mit seiner kleinen Kirche ⟿ bald geht es bergab durch die Siedlung ⟿ beim Transformator dem Radschild nach rechts folgen ⟿ bergab über eine Holzbrücke und wieder bergauf ⟿ an der kommenden Kreuzung links ⟿ auf der **Schönbergstraße** Richtung Henndorf ⟿ nach einer Rechtskurve über die Querstraße ⟿ an Viehweiden entlang über eine kleine Holzbrücke ⟿ an der folgenden T-Kreuzung links nach Henndorf.

Henndorf
PLZ: 5302; Vorwahl: 06214
❼ Tourismusverband, Hauptstr. 65, ✆ 6011
✉ Strand- und Freibad, ✆ 8263
❀ Gasthof Caspar Moser Bräu, ✆ 8228. Eines der ältesten Gasthäuser in Österreich. Einstiges Stammlokal Carl Zuckmayers und vieler Künstler. Auch heute noch wird die traditionelle „Carl-Zuckmayer-Jause" auf dessen Stammplatz serviert.
❀ Eiszeitrundweg – eine informative Tageswanderung.

Dem Verlauf der **Alten Tannstraße** folgen ⟿ bald rechts in die **Bergstraße** und der Beschilderung der Zuckmayer-Route Richtung Neumarkt folgen ⟿ auf der Bergstraße geht es wellig dahin ⟿ an der Vorfahrtsstraße schließlich links ⟿ zuerst leicht bergab und danach bergauf ⟿ zur Rechten befindet sich **Berg** ⟿ an der nächsten Vorfahrtsstraße rechts halten ⟿ leicht bergab geht es im Linksbogen über eine Brücke ⟿ danach links halten auf die ebene Asphaltstraße ⟿ am Waldrand entlang dem Wegverlauf folgen ⟿ an der Kreuzung geradeaus ⟿ auf einer unbefestigten Straße nach Haslach.

Haslach

Im Ort an der Kreuzung links halten ∿ weiter auf der Zuckmayer-Route und auf Asphalt ∿ zur Rechten der Steinbach und zur Linken der Wald ∿ bald taucht Wertheim auf.

Wertheim

An der Kreuzung links ∿ bei der Ortstafel gleich wieder rechts ∿ es folgt **Sighartstein** ∿ bei der **Schlossgastwirtschaft** links und unter der Straße hindurch ∿ kurz darauf Neumarkt.

Neumarkt am Wallersee

PLZ: 5202; Vorwahl: 06216

🛈 **Tourismusbüro**, Hauptstr. 30, ☎ 6907

🏛 **Museum in der Fronfeste**, Hauptstr. 27, ☎ 5704, ÖZ: Mai-Okt., Di,Do,Sa u. So 14-17 Uhr. Themen: Gerichtswesen, Römer, Hutmacherei, Lederwerkstatt und Gerberei, div. Sonderausstellungen.

In Neumarkt wird jedes Jahr im September der traditionelle Bauernherbst abgehalten. Dabei wird das Einbringen der Ernte gefeiert. Während dieser Tage werden bäuerliche Produkte entweder direkt vom Bauern angeboten oder sie werden von Köchen zu traditionellen Gerichten verarbeitet. Dabei erhält man Einblick in die Traditionen und Bräuche der Bauern und man kann typische Erzeugnisse wie z.B. Bauerngeselchtes, Vogelbeerschnaps oder „Knoflkas" verkosten.

Es geht bergab und über eine kleine Brücke ∿ bergauf an die Vorfahrtsstraße ∿ hier rechts und durch das Ortszentrum hindurch ∿ an der Vorfahrtsstraße dem Schild nach links folgen Richtung Köstendorf in die **Bahnhofstraße** ∿ noch vor der Brücke über die Bahn links in den schmalen Weg einbiegen ∿ aus Neumarkt hinaus ∿ 500 Meter parallel zur Bahnlinie und danach rechts auf einer Brücke über die Bahn ∿ geradeaus und an der Vorfahrtsstraße links.

Kleinköstendorf

Gleich wieder rechts Richtung Johannesberg ∿ um diesen herum dann links in die **Gramlingerstraße** ∿ wieder links in die **Enhartingerstraße** ∿ in die **Untere Dorfstraße** und dann links den **Wirtsberg** hinauf.

Aigen
Asperding
Fraham
Nürnberg
Seeham
Matzing
Seeleiten
Bambach
Obertrum am See
510
Thur
Mühl
Außerhof
Bodenstätt
Lofer
Mitterhof
Feichten
.525
5
Buchberg
800
Gröm
Obertrumer See
Römersberg
Naturpark Buchberg
Gaisberg
Anzing
Mattsee
Stift
Perwanger Landesstraße
Zellhof
Grabensee
Mattsee
3,5
Fisching
505
Ramoos
Obern--berg
Untern-
2
Guglmoos
Groß-
-engelsee
Mölkham
Ed
Unter-
Mitter-
.650
Paltingmoos
4,5
Untermayerhof
Engerreich
Roid
.605
Plakner
Helming
Haunharting
Fischweng
Weng
Schleedorf
Eßling
Tiefsteinklamm
Fischachmühle
4
3,5
Lengried
Spanswag
575
615
Hilgertsheim
Leitgermoos
Schalkham
Saulach
Reitsham
595
545
Gebertsham
Dirnham
Laßberg
Tannberg
Tannberg
785
.665
Reisach
Wallsberg
Pifuß
Vogltenn
Köstendorf
560
Gramlinger Straße
3
Klein-köstendorf
Irrsee 2
Tannham
7
9
6
8
N
8
505
505
Maierhof
Edhof
Neue Vogl Straße

On the map (left column):

Bambach
8
N
9
othingstraß
Kirchstätt
510
Obertrum am See
Thur
(symbols)
Ober--bruckmoos
640
Mattich
Unter
Roid
Moos
Holzgarten
Katzelsberg
Bischelsroid
Ibertsberg
595
Köllern
5,5
Obermödlham
Hamberg
Schmiding
Untermödlham
Baumgarten
Wendling
Kraiham
Hutzing
10
Oberbichl
Mitterstatt

Köstendorf

Von Köstendorf nach Mattsee — 14 km

Die Landesstraße wird überquert ∿ geradeaus in die **Notar-Vogl-Straße** ∿ unter der Stromleitung hindurch und bergab ∿ in einer Rechtskurve nähert sich der Weg der Bahnlinie und verläuft bald direkt daneben her ∿ bei der Brücke geradeaus weiter rechts neben der Bahn ∿ zur Linken der Eisbach ∿ in einem Rechtsbogen um das **Sägewerk** herum ∿ an der Vorfahrtsstraße links und gleich wieder rechts.

Fischachmühle

Es geht bergauf in den Wald ∿ an der Gabelung links halten.

Tipp: 100 Meter weiter links befindet sich die Tiefsteinklamm.

Hinter dem Wald ist schon der Kirchturm von Schleedorf sichtbar.

Schleedorf „Schaudorf"

PLZ: 5205; Vorwahl: 06216

🏛 **Museum Agri Cultur**, Schleedorf Dorf 94, ☎ 6911. Themen: Obst- und Gartenbau, Bienenkunde, Getreidebau und

Radfahrer am Mattsee

Landschaftspflege, Botanik / Pflanzenkunde.

✱ **Puppenfenster**, das Fenster befindet sich am Dorfplatz und ist ganzjährig zu besichtigen. Die 60 darin befindlichen Tonpuppen können auch in Bewegung gesetzt werden.

✱ **Schaukäserei**, ☎ 4198, ÖZ: tägl. 8-18 Uhr, Käsen: Di,Sa 10.30-12.30 Uhr, Führungen mit Käsekostung: tägl. 10 Uhr u. 14 Uhr. In der Schaukäserei kann man selbst Käse herstellen, im Käse-Kino wird über die Käsegeschichte informiert und es gibt ein Käsewelt-Restaurant. Außerdem gibt es das ganze Jahr über verschiedene Veranstaltungen.

Am Sportplatz vorbei und weiterhin dem Straßenverlauf folgen ∿ an der Kirche vorbei ∿ danach links ∿ an dem Stall vorbei und links Richtung Käsewelt ∾ hinter dem Supermarkt links einbiegen Richtung Engerreich/Mattsee ∾ dieser Weg ist nun beschildert mit „Salz und Seen-Tour" ∾ beim letzten Haus rechts in den Weg mit der 8t-Beschränkung ∾ am Ortsende links halten und nun dem Verlauf des Weges durch die Wiesen folgen ∾ der Weg ist bald nicht mehr asphaltiert ∾ ein kurzes Stück am Waldrand entlang ∾ in einer Rechts-Linkskombination um die Bauernhöfe herum.

Paltingmoos

An der Kreuzung, wieder auf Asphalt, rechts ∾ am Unteregelsee und am Mitteregelsee vorbei nach Guglmoos.

Guglmoos

Hinter der Siedlung am Großegelsee vorbei ∾ in einer Linkskurve gelangen Sie schließlich an die Vorfahrtsstraße ∾ hier links ∾ zur Rechten verläuft ein Mehrzweckstreifen, um dem Verkehr auszuweichen ∾ es geht bergab und zur Rechten ein Super-Ausblick auf den Mattsee ∾ die Ortschaft Mattsee ist in Kürze erreicht ∾ Sie folgen der Beschilderung auf der **Salzburger Straße** nach rechts ∾ im Linksbogen an der Kirche vorbei.

Mattsee

PLZ: 5163; Vorwahl: 06217

- 🛈 Tourismusverband Mattsee, ✆ 6080
- 🏛 Stiftsmuseum, ✆ 5202-30, ÖZ: Juni-Aug., Do u. Sa 17-19 Uhr, So 11-12 Uhr; Sept. u. Okt. So 11-12 Uhr. Das Museum informiert über die Schätze, die Kunst und die Geschichte des Stiftes. Zu sehen sind Urkunden, eine Bibliothek, ein eingerichtetes Tafelzimmer sowie sakrale Kunst.
- ✴ Bajuwaren-Freilichtschau, Weyerbucht, ÖZ: Juni, Aug., tägl. 14-17 Uhr, Mai-Sept., Sa,So,Fei 14-17 Uhr, Okt., So,Fei 14-17 Uhr.

- **Stift zum hl. Michael.** Das 740-50 erbaute Benediktiner-kloster wurde von Tassilo von Bayern gegründet. Um 1765 wurde die Anlage spätbarock ausgebaut und mit einem Turm versehen.
- **Naturpark Buchberg**
- **Strandbad**, ☎ 5252, ÖZ: Mai-Sept., tägl. 8-19 Uhr. Geboten werden Wasserrutsche, Babybecken, Beachvolleyballplätze, Gymnastik, Kinderprogramm und Qi Gong.
- **Firma Grabner**, Salzburger Str. 29, ☎ 6333. Auch Fahrrad-verleih.

Die ersten Besiedelungen von Mattsee lassen sich bis in die Jung-Steinzeit zurückverfolgen. Das Stift wurde 770 vom Bayernherzog Tassilo III. gegründet, und im 11. Jahrhundert in ein weltpriesterliches Collegiatstift umgewandelt. Doch Mattsee entwickelte sich im Laufe der Jahre zu einem Tourismusort. 1869 wurden die ersten Seebadkabinen und ein Jahr später das Wallmansbad errichtet. Daraufhin besuchten die ersten Sommergäste den Ort, um hier ihren Urlaub zu verbringen. Nachdem 1903 das Moorbad eröffnet wurde, folgte 1928 das Strandbad. 1935 wurde Mattsee schließlich

zum Markt erhoben. Nachdem immer mehr Gäste nach Mattsee kamen, wurde schließlich das Strandbad vergrößert. Heute ist Mattsee ein beliebter Badeort, der auch im Herbst eine besondere Touristenattraktion zu bieten hat. Von Ende August bis Ende Oktober findet hier nämlich jährlich der Bauernherbst statt. Dieser beginnt mit einem motorfreien Tag, wobei im Zentrum von Mattsee die verschiedensten Speisen und Getränke angeboten werden. Weitere Attraktionen beim Bauernherbst sind das Fischerfest bei dem es eine Trophäen-, eine Fischereigeräte- und eine Lebendfischschau und viele Fischgerichte gibt sowie der 3-Seen Volkstanz, der von den Mattseer, Obertrumer und Seehamer Volkstanzgruppen veranstaltet wird.

Von Mattsee nach Anthering — 22,5 km

Auf der **Passauer Straße** bis zur **Mattseer Landesstraße** ~ auf dem straßenbegleitenden Radweg zwei Kilometer nach Norden ~ an der großen Kreuzung dem Wegweiser nach Seeham folgen ~ hinter zwei Holzstegen stoßen

Sie auf die **Perwanger Landesstraße** ~ nach der Straßenüberquerung nach Fraham hinein ~ mitten durch einen Bauernhof ~ oberhalb der Landesstraße durch Fraham ~ auf der Landesstraße gibt es wieder einen Radweg.

Nach der Kreuzung mit der **Obertrumer Landesstraße** endet der Radweg ~ knapp einen Kilometer auf der verkehrsreichen Straße durch Seeham ~ dann beginnt wieder ein Radweg ~ nach Matzing endet dieser ~ hinter Seeleiten bei Bambach beginnt ein Radstreifen ~ am Ortsanfang von Obertrum rechts in die **Seestraße** ~ auf der Hauptstraße kommen Sie zum Dorfplatz.

Obertrum
PLZ: 5162; Vorwahl: 06219

- **Tourismusverband**, Mattigplatz 1, ☎ 6307 od. 6080
- **Museum im Einlegerhaus**, Kirchstättstr. 23, ☎ 6582, ÖZ: Juni-Aug., Di 17-19 Uhr od. n. V. Themen: Bauernkeramik, Flachsverarbeitung, Rauchkuchl,...
- **Puppenwelt**, Jakobistr. 6, ☎ 6307 od. ☎ 6429, ÖZ: Fr,Sa 14-18 Uhr od. n. V. Thema: Porzellanpuppen und Kunsthandwerk.

❄ **Historische Kaiserbuche** auf dem Haunsberg. Die Rotbuche wurde zur Erinnerung an den Besuch Kaiser Josef II. im Jahre 1779 gepflanzt.

Neben der Kirche befindet sich die Brauerei, welche das köstliche Trumer Bier erzeugt.

Von nun an den Radschildern Richtung Anthering-Mödlham folgen ⤳ nach dem **Braugasthof** *geht es nach rechts ⤳ 200 Meter später nach links in die* **Mattichstraße** *⤳ immer geradeaus geht es durch die hügelige Landschaft des Flachgaus ⤳ einzeln stehende große Bauernhöfe und nette Kapellen am Wegrand charakterisieren die Gegend.*

In **Hamberg** *links halten ⤳ auf dem Weg nach Mödlham bietet sich ein herrlicher Ausblick auf das Gebirgspanorama um Salzburg ⤳ in* **Untermödlham** *kennzeichnen viele neue Einfamilienhäuser den Trend zu Zweitwohnsitzen ⤳ an der Vorfahrtsstraße links halten ⤳ nun geht es durch das eigentliche* **Mödlham** *⤳ beim alleinstehenden Haus am*

Stille-Nacht-Kapelle

Ortsende nach rechts ⤳ ebenso beim hübschen Wartehäuschen der Busstation ⤳ in **Hutzing** *weist das an einer Scheune angebrachte Radschild nach links ⤳ hinter* **Trainting** *offenbart sich ein famoser Blick über das Salzachtal ⤳ sehr steil geht es dann hinab nach Anthering ⤳ gegenüber dem Gemeindeamt stoßen Sie auf die Vorfahrtsstraße ⤳ nach rechts zum Hauptplatz.*

Anthering

PLZ: 5102; Vorwahl: 06223

ℹ **Tourismusverband**, Salzburger Str. 6, ✆ 2279, Fax 2279

❄ **Kräutergarten**, ✆ 2210 od. ✆ 2350. Im Kräutergarten sind etwa 350 Heilpflanzen zu finden; es gibt ein Bauerngartl, einen Rosenhügel sowie ein Feuchtbiotop. Sehenswert sind auch das Hochbeet, der Garten für die Schönheit, der Giftgarten, der Garten der Düfte und der Raritätengarten. Außerdem werden regelmäßig Vorträge, Seminare und Workshops zu den Themen Färben mit Pflanzen, Kräuter zum Kochen und Würzen, Naturkosmetik, usw. abgehalten.

✉ **Freibad**, ✆ 2929, ÖZ: tägl. 9-20 Uhr.

In dem im 6. Jahrhundert gegründeten Anthering weist eine steinerne Statue auf die Legende des Maunzteufels hin: 1532 wurde von den Bewohnern Antherings am Antheringer Haunsberg, dem „Maunzgraben", ein Untier gesehen. Um das menschenähnliche Wesen zu fangen, wurde eine Grube ausgehoben. Es hatte Füße mit Hufen, einen Schwanz wie ein Löwe und die Mähne eines Pferdes, das Gesicht sah jedoch sehr menschlich aus. Da diese Erscheinung viele an den Teufel erinnerte, gaben sie ihm den Namen „Maunzteufel". Das menschenscheue Wesen wurde in der Grube gefangengehalten wo es jedoch die Nahrungsaufnahme verweigerte und daraufhin sehr bald starb. Das steinerne Abbild in der Ortsmitte soll nun heute beweisen, dass es den Maunzteufel wirklich gegeben hat. Man ist aber heute der Meinung, dass es sich bei diesem Lebewesen nicht um ein Untier gehandelt hat, sondern dass dies ein stark behinderter Mensch gewesen ist, der sich entweder selbst in die Wälder zurückgezogen hat oder von seinen Mitmenschen aufgrund seines Aussehens und seiner Behinderungen ausgesetzt worden ist.

Von Anthering nach Laufen   10 km

Noch vor der Kirche links in die **Bahnhofsstraße** ~ hinter der Bundesstraßenunterführung befindet sich der **Bahnhof Anthering** der Salzburger Lokalbahn ~ ein unbefestigter Feldweg führt unter der Bahntrasse hindurch in die Salzachauen ans Flussufer ~ hier sind Sie nun am Tauernradweg ~ dieser verläuft am rechten Salzachufer bis nach Oberndorf.

Tipp: Hier zweigt der Mozart-Radweg nach Westen ab, der Tauernradweg hingegen verläuft am Salzachufer weiter.

Oberndorf
PLZ: 5110; Vorwahl: 06272
🛈 **Tourismusverband**, Stille-Nacht-Pl. 2, ☎ 4422
🏛 **Heimatmuseum „Bruckmannhaus"**, Stille-Nacht-Pl. 7, ☎ 7569, ÖZ: tägl. 9-12 Uhr u. 13-17 Uhr. Exponate zur Verbreitung von „Stille Nacht, heilige Nacht" sowie zur Salzachschifffahrt und zur Ortsgeschichte werden gezeigt.
🏛 **Schiffermuseum**, Salzburger Str. 88, ☎ 7569, ÖZ: Führungen nach Vereinbarung. Zahlreiche Exponate zur Salzachschifffahrt.
🔔 **Stille-Nacht-Kapelle**, an der Stelle dieser 1937 geweihten Kapelle stand bis 1905 die Nikolakirche, in der im Jahr 1818 „Stille Nacht, heilige Nacht" uraufgeführt wurde.
🔔 **Wallfahrtskirche Maria Bühel**, 1670 erbaut. Im Inneren finden sich Werke des kaiserlichen Hofmalers J. M. Rottmayr aus der Zeit des Spätbarock bis zu den frühen Anfängen des Rokoko.
✳ **Plättenfahrten auf der Salzach**, ☎ 4422, ÖZ: 23. Mai bis 26. Sept., Sa, Abfahrt Muntigl: 14 Uhr. Auf den Originalzillen, begleitet von einer Schiffergarde, haben Sie die Möglichkeit, von Muntigl bei Salzburg bis Oberndorf zu fahren. Muntigl erreichen Sie entweder von Salzburg oder von Oberndorf mit einer Oldtimergarnitur der Lokalbahn.

In Oberndorf entstand das weltberühmte Weihnachtslied „Stille Nacht, heilige Nacht". Die Anregung zu diesem Lied kam von Joseph Mohr, der kurz vor Weihnachten des Jahres 1818 gemeinsam mit Franz Xaver Gruber „etwas für die Heilige Nacht" verfassen wollte. Mohr schrieb den Text und überreichte ihn seinem Freund Gruber mit der Bitte, ihn passend für zwei Solostimmen und Chor mit Gitarrenbegleitung zu vertonen. Gruber tat dies erst am Morgen des 24. Dezember, und trotzdem wurde das Lied noch am selben Abend uraufgeführt. Bevor es Weltberühmtheit erlangte, musste es jedoch noch den Umweg über Amerika machen, erst dann wurde es auch im deutschsprachigen Raum zum bekanntesten Weihnachtslied.

Auf dem Uferweg gelangen Sie in Oberndorf an die Salzachbrücke ~ hier links ans andere Ufer nach Laufen und gleichzeitig nach Deutschland.

Laufen an der Salzach
PLZ: 83410; Vorwahl: 08682
🛈 **Verkehrsverband Abtsdorfer See**, Im Schlossrondell 2, ☎ 1810
🔔 **Stiftskirche Mariä Himmelfahrt**, 1338 fertiggestellter gotischer Bau, Laubengang mit Grabplatten aus rotem Marmor.
🏰 **Erzbischöfliches Schloss**, 1608 vom italienischen Baumeister Vicenzo Scmozzi errichtet.
✳ **Stadtplatz** mit spätgotischem Rathaus

An der Kreuzung links stadtauswärts ~ durch den **Torbogen** hindurch bis zur nächsten Kreuzung.

Von Laufen nach Reit im Winkel

95,5 km

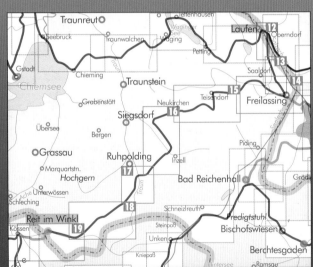

Der zweite Abschnitt führt von Laufen aus in den malerischen Kaiserwinkel. Zu Beginn erwartet Sie Freilassing, die bayerische Grenzstadt und bald dahinter umgeben Sie bewaldete Hänge, die Alpen rücken näher. Sie passieren einige Aussichtspunkte, wo Sie den wunderbaren Ausblick auf die umliegende Bergwelt genießen können. Nach idyllischer Fahrt im Tal, vorbei an einigen Bergseen durch den kühlen, schattigen Wald empfängt Sie schließlich das beliebte Ausflugsziel Reit im Winkl.

Die Route führt zum Großteil auf nicht asphaltierten Radwegen und Wirtschaftswegen entlang. Verkehr kommt nur in Reit direkt vor. Steigungen gibt es zwischen Teisendorf und Hammer.

Laufen an der Salzach

Laufen

Von Laufen nach Freilassing 16,5 km

Vom **Marienplatz** in einer Schleife über die **Rottmayr Straße** ～ über die **Stadtbrücke** und weiter ein kurzes Stück auf der **Guckhaus Straße** ～ dann auf den **Salzachdamm** ～ unter der Länderbrücke hindurch bis zur Surmündung ～ auf dem **Surdamm** bis zum Sursteg ～ von diesem nach Triebenbach.

Triebenbach

Durch den Ort bis zur Unterführung der B 20 ～ durch diese hindurch dann auf der Hauptstraße Richtung Surheim ～ nach wei-

teren 1,4 Kilometern rechts ab durch **Gausburg** nach Hausen.

Hausen

Von Hausen nach **Stützing**, dann links ab Richtung Surheim ～ an der Bahnlinie entlang ～ Richtung Freilassing-Brodhausen ～ nach dem **Baggersee** links durch die Bahnunterführung, dann auf **Breslauer Straße**, **Siebenbürger Straße** und **Obere Feldstraße** bis zur Einmündung in die **Münchner Straße** und ins Zentrum Freilassings.

Freilassing

Von Freilassing nach Teisendorf 15 km

Von hier stadtauswärts auf der **Münchner Straße**, **Wasserburger Straße** bis zum **Freilassinger Freibad** ～ dann links ab nach Sillersdorf und weiter nach Patting.

Patting

Kurz vor der Einmündung in die Hauptstraße links ab durch Patting und an der Gaststätte „Tiefentaler Hof" vorbei ～ anfangs über einen Waldweg durch den Tie-

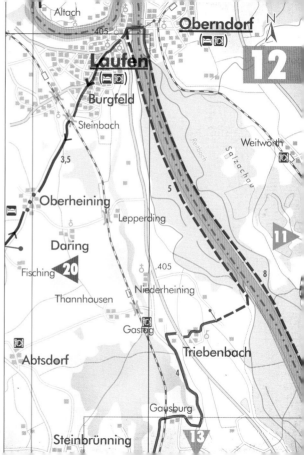

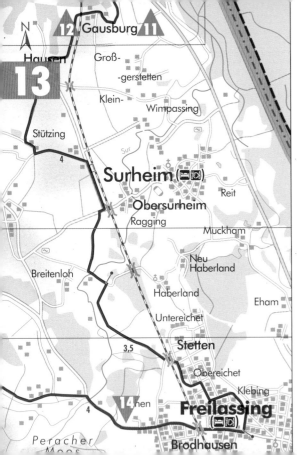

fenthaler Wald, dann ein Wiesenweg nach Hörafing.

Hörafing

Hinter dem Ort unter der B 304 hindurch ∼ über **Kumpfmühle** rechts ab nach Roßdorf ∼ von **Roßdorf** auf der BGL 10 Richtung Teisendorf und noch vor der B 304 in den Rad- und Fußweg links neben der Bundesstraße ∼ in weiterer Folge rechts unter der B 304 hindurch und über **Grubenhaus** und **Wörlach** vorbei an den Tennisplätzen ∼ der **Roßdorfer Straße** folgend in die **Alte Reichenhaller Straße** ∼ bis zur **Markstraße** ins Zentrum Teisendorfs.

Teisendorf

PLZ: 83317; Vorwahl: 08666

🛈 **Tourismusbüro**, Poststr. 14, ☎ 295

🏛 **Bergbaumuseum Achthal**, ☎ 7149 od. ☎ 1029, ÖZ: Mai-Sept., Di,Do 13.30-15.30 Uhr, So 10-12 Uhr od. n. V. Das Museum befindet sich im ehemaligen Erzbergwerk am Teisenberg, das 1925 aufgelassen wurde. Besucher können sich über die Arbeit der Hüttenarbeiter, Former und Gießer informieren.

⛺ **Geologischer Lehrgarten**, ☎ 295

🚌 **Berger**, Poststr. 24, ☎ 6598

Die erste urkundliche Erwähnung des etwa 1.200 Jahre alten Marktes stammt aus dem Jahr 790. Das Marktrecht erhielt der Ort 1275. Als 1800 die Franzosen in Teisendorf einfielen, konnte eine Zerstörung vermieden werden, indem ihnen der Ort kampflos übergeben wurde. Auch 1945 konnte so einer Zerstörung von Teisendorf entgangen werden. Daraufhin entwickelte sich der Markt zu einem Zufluchtsort von Heimatvertriebenen und Flüchtlingen die großteils auch nach dem Krieg hier geblieben sind. Heute ist Teisendorf eine Großgemeinde mit sechs Ortsteilen und knapp 9.000 Einwohnern.

Von Teisendorf nach Inzell   26,5 km

Der **Merkststraße** folgen bis zur Abzweigung links Richtung Freidling ∼ am Möbelhaus rechts vorbei nach Freidling.

Freidling

An der Kreuzung rechts Richtung Achthal ∼ der Hauptstraße folgen bis zur Kreuzung ∼ links nach Allerberg ∼ bergauf über **Aller-**

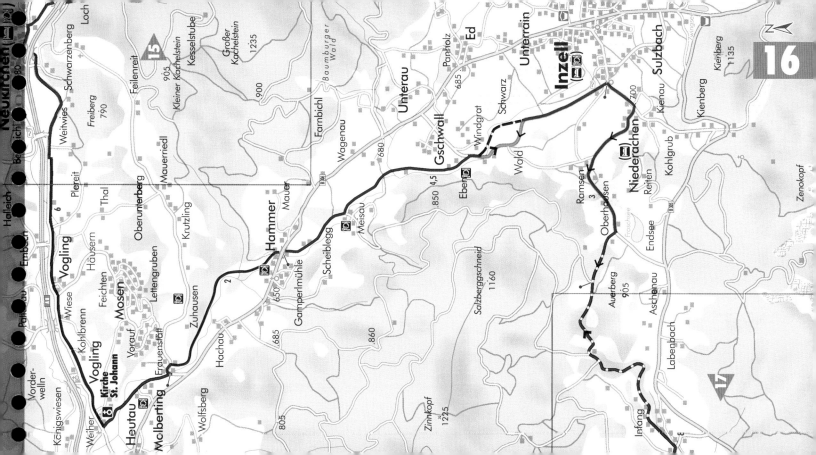

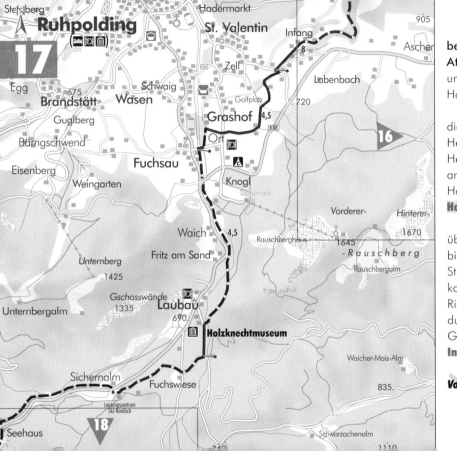

berg, **Haslach** und **Fuchssteig** ⌇ der Hauptstraße folgen über **Atzlbach**, **Loch** nach **Neukirchen** ⌇ an der Tankstelle links und nach zirka 150 Metern unter der Autobahn hindurch ⌇ der Hauptstraße folgen über Weitwies Richtung Siegsdorf.

2 Kilometer weiter beginnt ein straßenbegleitender Radweg ⌇ diesem folgen bis zum Ortsteil **St. Johann** ⌇ hier links Richtung Heutau ⌇ vorbei an der **Mühle St. Johann** weiter am Gasthaus Heutau vorbei bis zum **Sägewerk** ⌇ hier über die Brücke und anschließend rechts einbiegen in den **Soleleitungsweg** nach Hammer.

Hammer

Im Ort an der Kirche vorbei und über eine Brücke ⌇ nochmals über eine Brücke ⌇ nach der dritten kleinen Brücke rechts einbiegen zur **Hirschklause** und Richtung Meisau ⌇ weiterhin dem Straßenverlauf Richtung Inzell folgen ⌇ hinter der **Kaßmühle** kommt eine Holzbrücke ⌇ noch vor dieser Brücke links einbiegen Richtung Inzell ⌇ das ist der **Salinenweg** ⌇ dieser verläuft eben durch das breite Tal ⌇ an einem Bach entlang und an einem Gasthaus vorbei.

Inzell

Von Inzell nach Reit im Winkl   37,5 km

An der Vorfahrtsstraße rechts weiter ⌇ es geht stark bergauf

und danach in einer Linkskurve bergab ~ nach einer Weile ist Niederachen erreicht.

Niederachen

An der Vorfahrtsstraße links – die **Schmelzerstraße** ~ bald rechts in die **Froschseerstraße** ~ über eine kleine Holzbrücke und danach bergauf ~ auf der Straße im Linksbogen Richtung Froschsee und Ruhpolding ~ es geht weiterhin bergauf und über mehrere kleine Brücken ~ im Linksbogen des Weges links einbiegen auf den unasphaltierten **Sulzbergweg** ~ der Kiesweg führt bergauf durch den Wald ~ hinter dem Wald vorbei an einer Holzhütte und kurvenreich weiter ~ stetig leicht bergab ~ wieder im Wald geht es steil bergab ~ über eine kleine Steinbrücke und weiter in der Linkskurve ~ an der Kreuzung geradeaus ~ über einige Steinbrücken schlängelt sich der Weg durch den Wald und am Bach entlang ~ die kommenden Häuser bilden Infang.

Infang

Ab hier ist der Weg wieder asphaltiert und führt geradeaus weiter ~ nach einer Links-

Rechtskombination an der Vorfahrtsstraße links abbiegen ~ 50 Meter auf der Hauptstraße, dann rechts in den Rad- und Wanderweg einbiegen ~ über den Bach und weiter am Windbach entlang ~ über die Vorfahrtsstraße und links über die Holzbrücke auf den Radweg ~ der Weg wird immer enger und führt unter einer Stromleitung hindurch ~ an der Gabelung rechts halten auf dem schmalen, unbefestigten Weg ~ dieser führt zu einer Brücke ~ hier rechts und gleich wieder links auf den Radweg.

Fuchsau

Auf dem Radweg geht es neben der B 305 entlang ~ vorbei an **Waich** ~ der Radweg entfernt sich bald von der Straße ~ führt über eine Holzbrücke, macht einen scharfen Links- und Rechtsbogen ~ an der Kreuzung rechts über die Brücke ~ über das Flussbett und nun folgen Sie dem Radschild in die zweite links ~ der Weg ist nun etwas breiter und gekiest ~ an der nächsten Kreuzung nach rechts ~ über einen Viehrost in den Wald ~ nun schlängelt

sich der Weg zwischen den Bäumen hindurch ~ am Zaun angelangt rechts halten.

Der Weg verläuft parallel zur Bundesstraße ~ es geht am **Bundesleistungszentrum** für Ski nordisch vorbei ~ hier dem Radschild nach rechts folgen ~ noch vor der Schranke führt die Route auf Asphalt rechts unter der Bundesstraße hindurch und danach rechts neben der Straße weiter ~ auf dem Radweg ist Seehaus bald erreicht.

Seehaus

Auf dem Radweg die Straße überqueren und nun links der B 305 weiter ~ am **Fürchensee** entlang ~ bald entfernt sich der Radweg und führt parallel zur Straße weiter ~ nach einem Kilometer verläuft er direkt links unterhalb der Bundesstraße ~ rechts neben der Straße befindet sich der **Lödensee** ~ der Radweg führt über einen Parkplatz ~ über eine Holzbrücke und dann um eine Schranke herum auf dem Forstwirtschaftsweg weiter ~ dieser führt am **Mittersee** und am **Weitsee** entlang ~ oftmals über kleine Brücken ~ es geht nun stetig bergauf und sobald

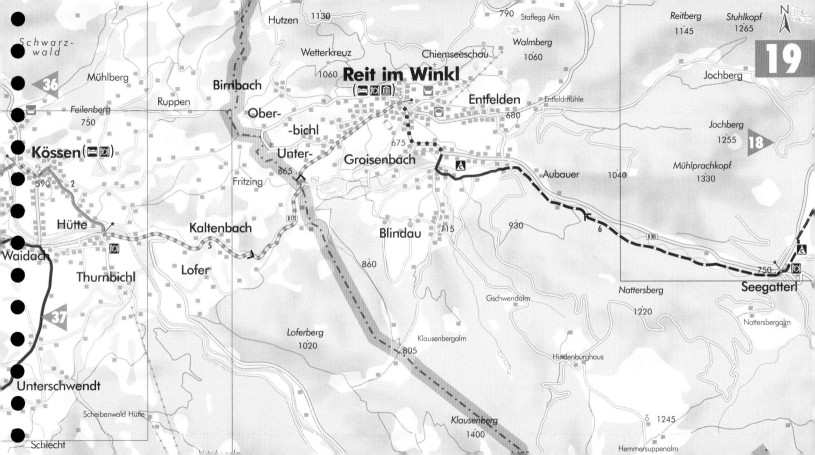

Schwarz-
wald

36

Mühlberg

Feilenberg
750

Ruppen

Hutzen 1130

Wetterkreuz

Birnbach

Ober-

-bichl

Kössen 📷

590   2

Hütte

Waidach

Thurnbichl

Unterschwendt

Schlecht

37

Fritzing

Unter-

865

Kaltenbach

5

Lofer

Scheibenwald Hütte

1060

Reit im Winkl
🏠📷🏛

Groisenbach

Blindau

Loferberg
1020

Klausenberg
1400

Staffegg Alm

Walmberg
1060

Chiemseeschau

Entfelden
680

Entfeldmühle

675

715

860

805

930

Klausenbergalm

Gschwendalm

Hindenburghaus

Hemmersuppenalm

Reitberg
1145

Stuhlkopf
1265

Jochberg

Jochberg
1255

18

Mühlprachkopf
1330

Aubauer
1040

6

B 305

Nattersberg

1220

1245

790

N

Seegatterl

750

1⊿

Nattersbergalm

der höchste Punkt mit zirka 800 Metern erreicht ist, in einer starken Linkskurve bergab.

Tipp: Der Weg ist als Chiemgauer MTB beschildert.

An der nächsten Schranke wird der Forstweg verlassen und es geht wieder direkt neben der Bundesstraße weiter ～ an **Seegatterl** vorbei ～ am **Campingplatz** vorbei und über den Parkplatz ～ über eine Holzbrücke und weiter auf dem Landwirtschaftsweg ～ um eine Schranke herum und abermals in den Wald

～ rechts daneben das Flussbett und bald nähert sich die Route wieder der Bundesstraße ～ in einer Links-Rechtskurve bergauf ～ rechts über die Brücke und auf der Bundesstraße nach Reit im Winkel.

Reit im Winkl

PLZ: 83237; Vorwahl: 08640

🛈 **Tourist-Information**, Rathausplatz 1, ✆ 800-20 od. ✆ 800-21

🏛 **Heimatmuseum**, Weitseestr. 11, ÖZ: Juni-Sept., Fr 14-16 Uhr od. n. V.

🏛 **Skimuseum**, Schulweg 1, ✆ 80040, ÖZ: Mo,Do 15-18 Uhr.

🎭 **Bauerntheater**, ✆ 800-20 od. ✆ 80021

🏊 **Schwimmstadl**, ✆ 800-20 od. ✆ 800-21, ÖZ: Freibad: tägl. 8.30-19 Uhr, Hallenbad: Di-Sa 10-20 Uhr, So,Mo 13-19 Uhr.

🚲 **Sport Mühlberger**, Chiemseestr. 15, ✆ 985013

Der Luftkurort Reit im Winkl ist ein beliebter Sommer- und Wintertourismusort. Hier werden für Gäste alle möglichen Aktivitäten geboten: im Sommer reicht das Angebot vom Rad fahren über Wandern, Golf, Drachenfliegen, Ballonfahren, Kutschenfahrten, usw. Im Winter werden neben den üblichen Wintersportarten noch Pferdeschlittenfahrten, Eisklettern oder Skiwandern angeboten. Außerdem gibt es noch ein Bauerntheater, Heimatabende, Schneefeste, Restaurants, in denen typische, bayerische Gerichte angeboten werden, sowie Cafés, Bars und Diskotheken zur Freizeitgestaltung.

Im Ort Richtung Kössen ～ nach der Rechtskurve geht es leicht bergauf ～ auf der Durchfahrtsstraße rechts halten ～ danach links Richtung Kufstein/Kössen ～ auf der **Dorfstraße** in einem Bogen an der Kirche vorbei ～ weiter rechts Richtung Kufstein und Kössen.

Tipp: Von Reit gelangt man ganz einfach nach Kössen und somit wieder auf die Hauptroute. Auf der Straße 2346, die hinter der Grenze als B 172 bezeichnet wird, kommt man nach Hütte und dort kann man rechts abbiegen nach Kössen.

Von Laufen nach Rosenheim

140,5 km

Der dritte Abschnitt beginnt in Laufen und führt durch den Chiemgau. Auch im Chiemgau hielt Mozart sich auf, es gibt wissenschaftliche Belege, dass er Waging, den Chiemsee und Wasserburg besuchte.

Auf Mozarts Spuren führt der Radweg über Waging an den Chiemsee und über Amerang an den Inn, nach Wasserburg – mit seinem sehenswerten historischen Zentrum. Der Abschnitt endet in Rosenheim am Inn, wo angeblich die „Welt beginnt", denn hier traf 1857 der erste Eisenbahnzug ein.

Die Route verläuft auf asphaltierten Wirtschaftswegen und ruhigen Landstraßen, nicht asphaltierte Wege kommen am Chiemsee und entlang des Inns vor. Auf Verkehr treffen Sie nur in Form von kurzen Abschnitten wie hinter Breitbrunn am Chiemsee oder bei Wasserburg. Leichte Steigungen kommen auf der gesamten Strecke vor, außer am Inn.

Von Laufen nach Petting   15,5 km

In Laufen nach dem Torbogen an der Kreuzung rechts und dann dem Straßenverlauf folgen ~ am **Gasthaus Kronprinz** vorbei ~ kurz darauf links abbiegen Richtung Waging/Abtsee ~ stark bergauf ~ von dieser Straße wieder links ab Richtung Friedhof in die **Abtsdorfer Straße** ~ unter der Bahn hindurch ~ zur Linken beginnt ein Rad- und Fußweg ~ **Oberhaslach** wird durchfahren und kurz darauf nach Oberheining.

Oberheining

Durch den Ort auf der Straße und am Ortsende beginnt wieder ein Radweg zur Rechten ~ leicht bergab mit schönem Ausblick auf den **Abtsee** ~ an der Kreuzung rechts Richtung Leobendorf auf dem rechtsseitigen Radweg ~ zur Linken der See ~ vorbei am **Seebad** und an der **Schlossklinik** ~ auf dem Radweg nach Leobendorf.

Leobendorf

Bergauf an die Vorfahrtsstraße, diese in Höhe der **Bushaltestelle** überqueren zur **Bergstraße**

Tachinger See

~ links bergauf und gleich wieder bergab Richtung **Stögen** ~ auf dieser Straße an Stögen vorbei ~ an den Höfen von **Ehemoosen** ebenso ~ an der Vorfahrtsstraße dann rechts ~ nun zirka 2,5 Kilometer bis nach Schönram.

Schönram

Im Ort an der Vorfahrtsstraße rechts Richtung Waging ~ am Ortsende beginnt ein Rad- und Fußweg zur Rechten ~ auf dem Radweg durch **Wasserbrenner** und **Neuhaus** hindurch ~ an der Kreuzung rechts Richtung Petting ~ am Ortsbeginn endet der Radweg.

Petting

PLZ: 83367; Vorwahl: 08686

🛈 **Tourist-Information**, Hauptstr. 13, ☎ 200

Petting, das 1048 erstmals als „Pettinga" urkundlich erwähnt wird, war mit großer Wahrscheinlichkeit früher einmal eine Insel. Diese soll durch Anschwemmungen während der letzten Eiszeit entstanden sein. Daher kommt auch der Name Petting, der einen Ort, der dem Zulauf und Ablauf des Wassers unterworfen ist, beschreibt. Petting gehörte ursprünglich dem Landkreis Laufen an, bildete aber später mit Waging a. See, Taching und Wonneberg eine Verwaltungsgemeinschaft. Seit 1986 jedoch ist Petting nun eine selbstständige Gemeinde.

Von Petting nach Waging   11 km

An den **Sportplätzen**, Kirche und Friedhof vorbei ~ an der T-Kreuzung rechts auf die **Seestraße** ~ zur Rechten beginnt ein Rad- und Fußweg ~ auf einer Brücke über den Fluss Götzing ~ der Radweg verläuft nun neben der Straße ~ hin und wieder entfernt er sich ein kurzes Stück

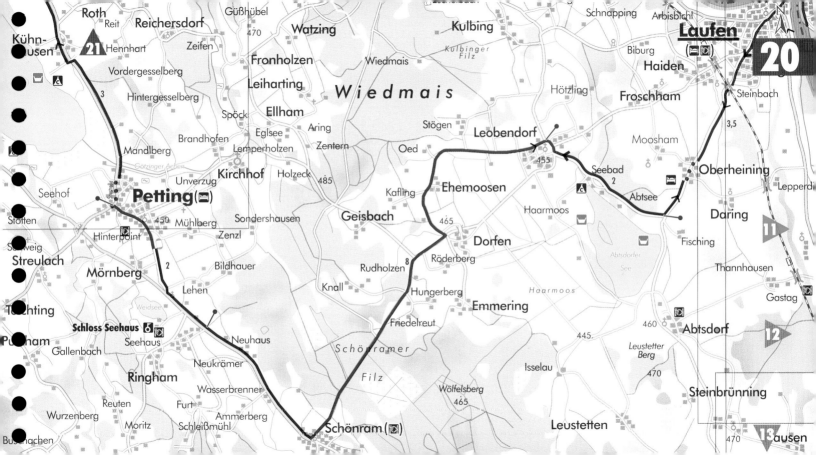

und führt in den Wald hinein ~ sonst verläuft er immer parallel zur TS 23 ~ kurz vor Kühnhausen wechselt der Radweg bergauf die Straßenseite.

Kühnhausen

Durch den Ort hindurch und an **Lampoding** vorbei ~ es geht bergab nach **Kronwitt** und kurz darauf wird **Wolkersdorf** passiert ~ danach stetig bergauf bis nach Tettenhausen.

Tettenhausen

Bei der Tankstelle an der Vorfahrtsstraße links ~ dem Straßenverlauf Richtung Waging folgen ~ es folgt eine Linkskurve und es geht bergab zur Brücke zwischen dem Waginger und dem Tachinger See ~ noch vor der Brücke links und dann auf der Radbrücke über das Gewässer ~ weiter auf dem linksseitigen Radweg ~ an der Kreuzung mit Stopptafel auf dem Radweg links unter der Vorfahrtsstraße hindurch ~ auf der anderen Seite rechts neben der Straße weiter auf dem Radweg ~ auf Höhe des **Strandbades Seeteufel** Überquerung einer Seitenstraße geradeaus ~ unter der Vorfahrtsstraße hindurch ~ auf der anderen Seite am Strandbad vorbei in ein

See bei Roitham

kleines Wäldchen ~ weiter auf dem markierten Radweg nach **Fisching** ~ den Ort Fisching über die Straßen **Zum Seeteufel** und **Kurhausstraße** durchqueren ~ geradeaus weiter bis an die Kreuzung am Ende des großen Campingplatzes ~ rechts abbiegen und von dort ein kurzer Anstieg Richtung Ortszentrum Waging.

Waging am See

PLZ: 83329; Vorwahl: 08681

🛈 **Tourist-Info**, Salzburger Str. 32, ✆ 313

🏛 **Bajuwaren-Museum**, Salzburger Str. 32, ✆ 45870, ÖZ: Mai-Okt., Di-So 10-18 Uhr, Nov.-April, Fr-So 10-18 Uhr. Thema: Funde und Informationen zu den Bajuwaren.

🕮 **Karsauskeite**, Traunsteiner Str. 2, ✆ 233

🕮 **Schmuck**, Wilhelm-Scharnow-Str. 9, ✆ 222

Das Gebiet von Waging war schon von den Kelten, und später von den Römern und den Bajuwaren bewohnt. Von den Bajuwaren hat der Ort auch seinen Namen, da sie den Ort nach ihrem Anführer Wago benannt haben. Ende des 14. Jahrhunderts, ein genaues Datum ist leider nicht bekannt, wird Waging zum Markt erhoben. Der Markt erleidet zwar während des 30-jährigen Krieges keinen Schaden, dafür haben aber die Bewohner von Waging später im österreichischen Erbfolgekrieg und durch die Napoleonischen Feldzüge zu leiden. Nach dem 2. Weltkrieg flüchten viele Menschen nach Waging, von denen ein Teil dann auch hier ein zweites Leben aufbaut. Heute ist Waging ein beliebter Urlaubsort, der Mitte des 20. Jahrhunderts das Prädikat Luftkurort verliehen bekommen hat.

Von Waging nach Sondermoning 19,5 km

Am Ende der **Strandbadallee** rechts in den

Ortskern ∾ am Rathaus links ∾ anschließend rechts und wieder links ∾ der **Bahnhofstraße** folgen ∾ an der Tankstelle links in die **Traunsteiner Straße** abbiegen ∾ immer geradeaus ∾ zwischen Weidach und dem anschließenden Wäldchen wird die Bahnstrecke überquert ∾ nach dem Wäldchen leicht links und anschließend geradeaus bis an die Kreuzung mit der Staatsstraße ∾ geradeaus über die Querstraße bergauf nach Unteraschau.

Unteraschau

Über die Bahn und weiter Richtung Traunstein ∾ durch **Oberaschau** hindurch ∾ an der Vorfahrtsstraße rechts ∾ nun werden verschiedene kleine Weiler durchfahren wie **Hochreit** und **Oed**.

Tipp: Hier treffen Sie auf die Beschilderung der Route Chiemsee-Waginger See.

In **Straß** an der Vorfahrtsstraße links ∾ bergauf nach Kammer.

Kammer

Hier an der Vorfahrtsstraße links Richtung Traunstein ∾ gleich darauf rechts in die **Neu-**

hausener Straße Richtung Aiging ∾ es geht bergab auf einem Kilometer nach Neuhausen.

Neuhausen

Auf der Vorfahrtsstraße bleiben ∾ bergab und kurvenreich durch den Wald ∾ an einem Bach entlang durch **Kaltenbach** hindurch ∾ noch vor Aiging wird die Traun überquert.

Aiging

In Aiging geht es kurvenreich bergauf ∾ im Linksbogen an die Vorfahrtsstraße und da rechts weiter ∾ in der Linkskurve der Straße geradeaus weiter ∾ aus Aiging hinaus sind es noch zwei

Kilometer bis Nußdorf ∾ links daneben Bahn und Bundesstraße ∾ bald links unter der Bahn und der B 304 hindurch ∾ es geht stark bergauf an die Vorfahrtsstraße ∾ hier links über einen Hügel und dahinter liegt Nußdorf.

Nußdorf

In Nußdorf an der Vorfahrtsstraße rechts Richtung **Chieming** ∾ am Ortsende beginnt zur Linken ein Rad- und Fußweg ∾ weiter nach Sondermoning ∾ kurz vor der Ortschaft an der Vorfahrtsstraße links und weiter auf dem Radweg.

Sondermoning

Von Sondermoning nach Seeon   15 km

Der Radweg endet im Ort ∾ auf der Durchfahrtsstraße Richtung Chieming ∾ zur Rechten verläuft wieder ein Radweg.

Laimgrub

In Laimgrub an der Ampelkreuzung geradeaus ∾ auf dem Radweg nach Chieming ∾ am Ortsbeginn endet der Radweg ∾ auf der Straße an der Kirche vorbei ∾ weiter auf der Straße bis zum **Seebad** ∾ hier rechts ein-

biegen auf den Radweg entlang des Sees.

Chieming

PLZ: D-83339; Vorwahl: 08664

🔢 **Tourist-Information** Chieming, ✆ 9886-47.

⚓ **Chiemsee-Schifffahrt,** ✆ 08051/6090. Nach Prien am Chiemsee um 9.40 Uhr, 11.30 Uhr, 14.15 Uhr, 16.50 Uhr und 18.05 Uhr. Fahrradbeförderung beschränkt möglich. Eine Unterbrechung auf den Inseln ist aber nicht erlaubt.

🔢 **Schatzkammer** der **Wallfahrtskirche Ising,** ✆ 08667/690. Bilder, Skulpturen, religiöse Gegenstände aus der Sakristei. Besichtigung nach Vereinbarung.

🎈 **Ballonfahrten** über dem Chiemgau: N. Schneider, Ortsteil Stöttham, ✆ 463; TS-Ballonfahrten, Chieming-Egerer, ✆ 8118; Hotel Gut Ising, ✆ 08667/790; Hotel Jonathan, Chieming-Hart, ✆ 08669/79090.

🚲 **Radlverleih** Chieming, am Minigolfplatz, ✆ 927706.

Chieming ist direkt am Bayerischen Meer – dem Chiemsee – zu finden, früher lag es auch

Chiemsee

direkt an der römischen Militärstraße Juvavum – Augusta – Vindelicorum (Salzburg – Augsburg). Der Ort hat sich bis heute seinen dörflichen Charakter bewahrt, ist aber trotzdem ein sehr beliebter Fremdenverkehrsort der seinen Gästen viel zu bieten hat. Das Angebot reicht vom schwimmen, über wandern, Rad fahren, Beach-Volleyball, Golf bis hin zum reiten. Aber natürlich gibt es auch viele Festveranstaltungen, wie z.B. Waldfeste, Weinfeste und Beachpartys, sowie Open-Air-Veranstaltungen. Man kann Boote ausleihen, auf Ausflugsdampfern den Chiemsee erkunden oder aber auch an den Tanzschifffahrten, die bei Nacht stattfinden, teilnehmen. Geboten werden auch geführte Almwanderungen in den nahen Chiemgauer Alpen und geführte Fahrradtouren um den Chiemsee und in die Umgebung rund um Chieming. Und selbst wenn Sie Ihren Urlaub

ohne besondere Aktivitäten verbringen möchten, können Sie diese Tage entspannt im Strandbad oder in einem der zahlreichen Cafés oder Restaurants verbringen.

Der Chiemsee

Der Chiemsee, ebenso wie Dutzende kleiner Seen im Umkreis nördlich von ihm, ist ein Überbleibsel des Inngletschers. Das Eis schuf die von Schuttmoränen umwallte Mulde, in welcher Wasser zurückbleiben konnte. Ursprünglich war der See größer, inzwischen sind aber weite Gebiete versumpft und verlandet, oder wurden im Zuge der Kultivierung trockengelegt.

Dennoch ist das Umland des Sees heute noch von Feuchtgebieten geprägt. Die wichtigsten Zuflüsse sind die Tiroler Ache, ihr Mündungsgebiet im Süden steht unter Naturschutz, und die Prien aus dem Schauer Tal. Für den Abfluss sorgt im Norden die Alz. Der See erstreckt sich über 80 Quadratkilometer, seine größte Tiefe beträgt 74 Meter. Die Kolonisierung seiner Inseln begann im 7. und 8. Jahrhundert. Aber

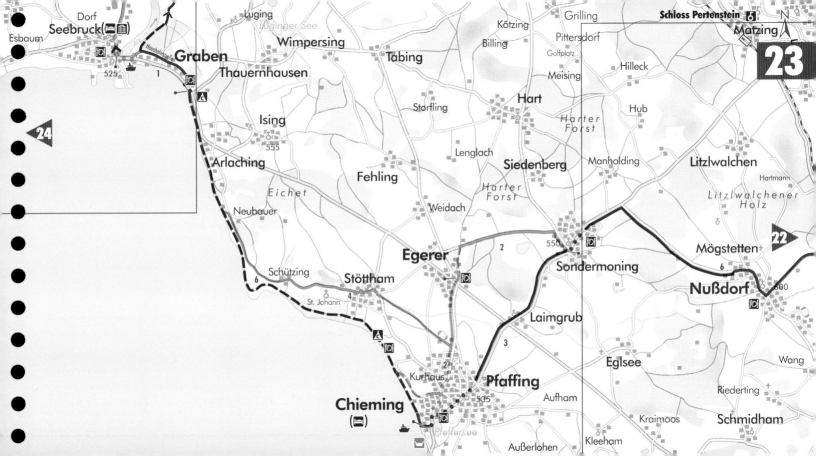

Kloster Seeon

die eigentliche Entdeckung des Sees vollzogen die Künstler des frühen 19. Jahrhundert, die von München aus das Alpenvorland erforschten und damit auch den Fremdenverkehr begründeten.

Am Ufer des Chiemsees wird nun über Arlaching Richtung Seebruck geradelt ~ in Seebruck in die **Haushoferstraße** einbiegen ~ dann rechts abbiegen in den Radweg nach Truchtlaching entlang der Alz.

Seebruck
PLZ: 83358; Vorwahl: 08667
🛈 Verkehrsamt Seebruck, ☎ 7139
🏛 Römermuseum Bedaium, Römerstr. 3., ☎ 7503, ÖZ: Di-Sa

10-12 Uhr u. 15-17 Uhr, So 15-17 Uhr. Museum mit Ausgrabungsfunden, Zeugnissen aus der Vor- und Frühgeschichte.

Seebruck ist etwa um 50 n. Chr. entstanden. Es hieß ursprünglich Bedaium und diente den Römern als Stützpunkt auf der römischen Militärstraße Juvavum – Augusta – Vindelicorum (Salzburg – Augsburg). Im Laufe der Zeit wandelte sich der Name in Pontena und Prucca bis der Ort schließlich den heutigen Namen Seebruck erhielt. Seebruck gilt heute als staatlicher anerkannter Luftkurort, in dem sich der größte Yachthafen Bayerns befindet.

Entlang der Alz geht es bergauf nach Stöffling ~ hier links abbiegen Richtung Truchtlaching ~ vorbei am Keltengehöft in den Ort.

Truchtlaching
Bei der Kirche links Richtung Seeon über die Alzbrücke und den neuen Radweg nach Seeon über **Döging-Poing** nach Seeon nehmen ~ am Sportplatz vorbei nach Seeon

Seeon
PLZ: 83370; Vorwahl: 08624
🛈 Kultur- und Bildungszentrum, Klosterweg 1, ☎ 8970

🏰 Kloster Seeon
🏰 **Abtskapelle St. Nikolaus**, die Kapelle wurde 1757 errichtet. Sehenswert sind die Stukkaturen von Johann Michael Feichtmayer sowie die Fresken von Joseph Hartmann. Besichtigungen sind jedoch nur nach Vereinbarung mit dem Kultur- und Bildungszentrum möglich.
🏰 **Klosterkirche St. Lambert**, die Klosterkirche wurde zweimal neu errichtet, einmal Ende des 11. Jhs. und einmal Ende des 12. Jhs. Sehenswert sind die Renaissancefresken, die Grabsteine verschiedener Äbte, der Klosterkreuzgang sowie das Gemälde „Madonna mit Kind".

Das Kloster Seeon wurde 994 vom Pfalzgrafen Arbio I. gegründet. Da es aber ziemlich klein und karg war, wurde Ende des 11. Jahrhunderts ein neues Kloster, anstelle des alten, errichtet. Die Benediktiner richteten hier eine Schreibschule ein, die sowohl für das Kloster Seeon als auch für andere Klöster und Kirchen diverse Schriften anfertigte. Auch Wolfgang Amadeus Mozart war hier manchmal zugegen, um in Ruhe komponieren zu können. Nach der Säkularisation diente es zuerst Herzogfamilien und dem europäischen Hochadel als Wohnsitz, später waren darin ein

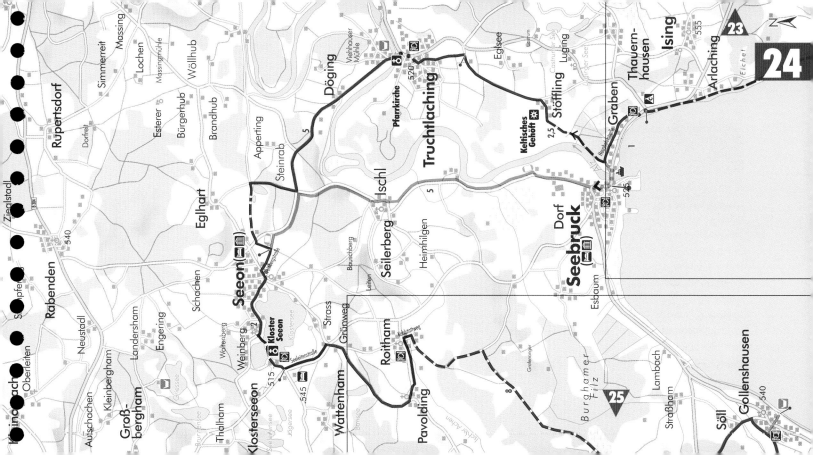

Fraueninsel im Chiemsee

Heilbad, ein Erholungsheim sowie eine Kaserne untergebracht. Schließlich kam es in den Besitz des Regierungsbezirkes Oberbayern. Nachdem das Kloster renoviert wurde, werden nun Konzerte, Ausstellungen, Seminare, Tagungen und Workshops in den Räumlichkeiten abgehalten, außerdem besteht auch die Möglichkeit, hier Hochzeiten zu feiern.

Von Seeon nach Breitbrunn   16 km

Rechts in die **Weinbergstraße** ⮌ bis zur Kirche Bräuhausen ⮌ es bietet sich ein herrlicher Blick auf das Kloster Seeon ⮌ über den Klostersteg zum Kloster Seeon und weiter geradeaus ⮌ beim großen Parkplatz links auf den nicht asphaltierten schmalen Weg nach Grünweg ⮌ vorbei an einem Hof auf dem Landwirtschaftsweg ⮌ an einem kleinen See vorbei ⮌ sobald der See beginnt, endet der Asphalt.

An der Vorfahrtsstraße schließlich links ⮌ über eine Brücke und danach ein scharfer Rechtsbogen ⮌ zur Rechten beginnt ein Rad- und Fußweg ⮌ so gelangt man nach Roitham.

Roitham

Direkt bei der Kirche rechts hinunter in den **Kohlstattweg** ⮌ weiter Richtung Stetten ⮌ vor der Brücke rechts abbiegen ⮌ nach den letzten Häusern ist der Weg nicht mehr asphaltiert ⮌ durch ein kurzes Waldstück ⮌ links halten Richtung Fembach und Stetten ⮌ auf Kies leicht bergauf ⮌ am Waldrand entlang und wieder in den Wald hinein ⮌ eben aus dem Wald heraus und Fembach ist erreicht.

Fembach

Ein asphaltierter Weg führt nun nach Stetten.

Stetten

Im Ort an der Vorfahrtsstraße links ⮌ zirka 500 Meter weiter in die zweite rechts einbiegen ⮌ durch den Wald nach Söll.

Söll

PLZ: 83257; Vorwahl: 08051

ℹ️ **Verkehrsamt**, Dorf 84, ✆ 52100

In einer Rechtskurve direkt auf **Gollenshausen** zu ⮌ noch vor der Ortschaft rechts einbiegen Richtung Lienzing.

Tipp: Geradeaus kommen Sie nach Gollenshausen, dieses liegt direkt am Chiemsee und hat ein Strandbad.

An der Vorfahrtsstraße geradeaus ⮌ hinaus aus Gollenshausen und weiter Richtung Breitbrunn ⮌ leicht bergauf nach **Lienzing** einfach hindurch und auf der Landstraße auch durch **Ed** hindurch ⮌ danach bergab auf den Wald zu ⮌ sobald der Wald durchquert ist, ist Breitbrunn erreicht ⮌ in der Rechtskurve nach Breitbrunn hinein.

25

Grubberg
Roitham
Wattenham
Oberbrunn
Niederbrunn
Wirnn
Fremdling
Fachertsfelden

Pavolding
Karlswerk

Grafenanger
Burghamer Filz
Lambach

Fembach
Straßham
Stetten
Söll

Gollenshausen
Lienzing
Ed
5,5
Moos
Lienzinger

Mitterndorf

Aiglsbuch
Schalchen

Aiglsbuch

Loiberting

Gstadt (🏠ℹ️)

Frauenchiemsee
Fraueninsel
Frauenchiemsee
525
Benediktinerinnenabtei

Krautinsel
2

Aisching
Weingarten

Pfarrkirche
Plötzing

Breitbrunn (🏠ℹ️)
535
Mühln
Kailbach
Ufahm
520
Kreuzkapelle

Wolfsberg
Stadl

Pfarrkirche

Eschenau
Schleinmoos
Eschenauer See
Weithmoos

Freimoos

Preinersdorf

Aich

Oberndorf 3,5
Unterkitzing
Oberkitzing
Frieberting
Breite-loh

Weisham
Natzing

Strass

Eggstätt
Pfarrkirche
540

Bacham
Meisham
Wöhr
Reischel-holz
Laudensee
Niederham

Haus
Höhe

24

26

N

8

540

🏠

Breitbrunn am Chiemsee

PLZ: 83254; Vorwahl: 08054

🛈 **Verkehrsamt**, Gollenhausener Str. 1, ✆ 234

Tipp: An der Kreuzung mit der Vorfahrtsstraße führt die Hauptroute zwar rechts weiter, aber Sie haben nach links die Möglichkeit Gstadt einen Besuch abzustatten. Gstadt ist ein Ferienort am Chiemsee mit Jachthafen, Hotels und Pensionen. Sie können auch von Gstadt aus am See entlang nach Mühln radeln und dann die Runde in Breitbrunn wieder schließen.

Gstadt am Chiemsee

PLZ: 83257; Vorwahl: 08051

🛈 **Verkehrsamt**, Seeplatz 5, ✆ 08054/442

⚓ **Chiemsee-Schifffahrt**, ✆ 6090. Abfahrten: Zur Fraueninsel ab 8.50 Uhr stündlich, zur Herreninsel über Fraueninsel u.a. um 7.20 Uhr, 8.15 Uhr, 10.20 Uhr und 10.50 Uhr.

🏰 **Schloss Herrenchiemsee** mit Ludwig II.-Museum, ✆ 6887-0, ÖZ: April-Sept., Mo-So 9-17 Uhr. Unvollendete Kopie von Versailles auf der Herreninsel, erbaut von Ludwig II. Per Schiff erreichbar ab Prien/Stock und Gstadt.

🏰 **Benediktinerinnenabtei**, Frauenwörth auf der Fraueninsel,

Luftbild von Eggastätt

✆ 08054/9070, ÖZ: Pfingsten-Ende Sept., Mo-So 11-18 Uhr. Michaelskapelle mit byzantinischen Fresken.

An der Kreuzung mit der Vorfahrtsstraße rechts Richtung Eggstätt und nach Breitbrunn zurück.

Von Breitbrunn nach Amerang   15 km

Auf der Hauptroute also Richtung Eggstätt ⁓ einfach dem Straßenverlauf folgen ⁓ am Ortsende beginnt auf der linken Seite ein Rad- und Fußweg ⁓ an der Kreuzung, wo es rechts nach Mooshappen geht, endet der Radweg ⁓ auf der Straße durch **Haus** hindurch ⁓ in **Weisham** an der Kreuzung mit der Straße 2095 geradeaus nun ohne Verkehr nach Eggstätt.

Eggstätt

PLZ: 83125; Vorwahl: 08056

🛈 **Tourist-Info**, Obinger Str. 7, ✆ 1500

🏰 **Pfarrkirche St. Georg**, einheitlich neugotisch, auf älteren Fundamenten errichtet. Hier befindet sich eine römische Grabtafel.

🚲 **Wiedemann**, ✆ 337

Eggstätt wurde 925 erstmals schriftlich erwähnt, das Gebiet dürfte aber schon früher besiedelt gewesen sein und lag vermutlich auch unmittelbar an einer Römerstraße. Mitte des 13. Jahrhunderts wurde Eggstätt zum oberbayrischen Urbar, welcher als ein früher Vorgänger einer heutigen Gemeinde gilt. Eggstätt gehörte im Laufe der Zeit zu vielen verschiedenen Orten und Gemeinschaften, ist aber seit 1986 wieder eine eigenständige Gemeinde, die im ältesten und größten Naturschutzgebiet Bayerns liegt: der Eggstätter Seenplatte. Diese ist während der letzten Eiszeit entstanden und gilt als ökologisch einzigartiges Naturschutzgebiet. Hier findet man ein Labyrinth an Seen, viele seltene

Tier- und Pflanzenarten, sowie Moore, Streuwiesen und Auwälder, also ein einzigartiges Gebiet, das man auf den Wander- und Radwegen erkunden kann.

In Eggstätt an der Vorfahrtsstraße rechts Richtung Halfing/Obing ∿ dann links halten Richtung Hartsee-Halle und Obing ∿ links an der Kirche vorbei ∿ kurz nach Ortsende kann man zur Linken den Hartsee bewundern ∿ zur Rechten ein Rad- und Fußweg ∿ an der Kreuzung geradeaus ∿ für ein kurzes Wegstück endet der Radweg.

An der nächsten Kreuzung beginnt er aber schon wieder ∿ auf der Höhe von Unterulsham befindet sich zur Linken der **Pelhamer See** ∿ es geht leicht bergauf in einer langgezogenen Rechtskurve ∿ in **Oberulsham** nach den letzten Häusern links einbiegen Richtung Gachensolden ∿ auf dem straßenbegleitenden Radweg bis zum **Sägwirt**, hier endet der Radweg ∿ nun auf der Landstraße nach Gachensolden.

Gachensolden

An der Vorfahrtsstraße rechts Richtung Halfing geradewegs auf Höslwang zu ∿ unterhalb des Ortes an der Vorfahrtsstraße links ∿ an der ersten Kreuzung geradeaus ∿ danach rechts einbiegen Richtung Amerang und **Höslwang** ∿ auf Höhe der Kirche an der Vorfahrtsstraße links auf die **Ameranger Straße** ∿ am Ortsende beginnt zur Linken ein Rad- und Fußweg ∿ dieser führt nach **Obergebertsham** und einfach hindurch ∿ an der nächsten Kreuzung endet der Radweg

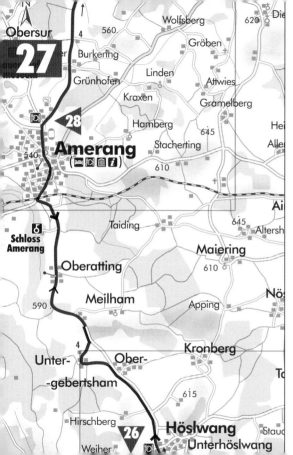

~ auf der Straße durch ein kurzes Waldstück nach Oberratting.

Obratting

Bis Amerang sind es noch zwei Kilometer ~ auf der Straße nun mit 10% Gefälle bergab ~ es bietet sich ein schöner Ausblick auf Amerang ~ an der Vorfahrtsstraße rechts über die Bahn ~ nach Amerang.

Amerang

PLZ: 83123; Vorwahl: 08075

🛈 **Gemeindeamt**, Bahnhofstr. 3, ✆ 91970

🏛 **Bauernhausmuseum**, ✆ 91970, ÖZ: Mitte März-Anfang Nov., Di-So 9-18 Uhr. Thema: Entwicklung des bäuerlichen Wohnens, Wirtschaftens und Handwerkens.

🏛 **Automobilmuseum**, Wasserburger Str. 38, ✆ 8141, ÖZ: März-Okt., Di-So 10-18 Uhr. Besucher können in diesem Museum, anhand verschiedener Autos, die Entwicklung des Automobils nachvollziehen.

🏰 **Schloss Amerang**, ✆ 91920, Führungen: Anfang Juni-Anfang Sept., tägl. 11 Uhr, 12 Uhr, 14 Uhr, 15 Uhr und 16 Uhr. In dem 1072 erstmals urkundlich erwähnten Schloss werden im Sommer Konzerte abgehalten, außerdem gibt es ein Schlossmuseum in dem man während der Führung den Arka-

Schloss Herrenchiemsee

denhof, Salons mit Einrichtung, den Rittersaal samt Jagdtrophäen und das Verließ zu sehen bekommt.

✳ **Ameranger Dorffest**, findet alle zwei Jahre statt. Es treten Musikgruppen aller möglichen Musikrichtungen auf, es gibt einen Nachtflohmarkt und außerdem kann man sich kulinarisch verwöhnen lassen.

In Amerang befindet sich das bekannte Schloss Amerang. Dieses wurde als Edelsitz erstmals 1072 urkundlich erwähnt. Es war in Besitz der Scaliger, danach folgten die Grafen Lamberg und wechselte dann in den Besitz der Freiherren von Crailsheim in welchem es bis heute ist. Im Sommer werden hier nun regelmäßig Konzerte abgehalten, außerdem kann an Führungen teilgenommen werden. Es

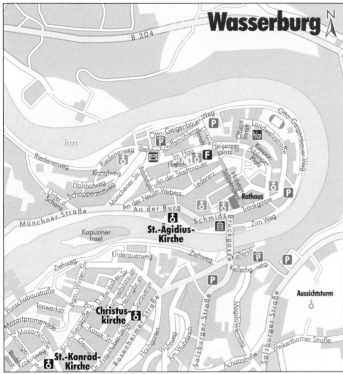

besteht auch die Möglichkeit, Familienfeiern, nach vorheriger Vereinbarung, hier zu veranstalten.

Von Amerang nach Wasserburg   16 km

An der Kirche links vorbei und nun Richtung Wasserburg ∿ an den Sportplätzen vorbei und am Bach entlang ∿ beim Restaurant Alt-Rhodos rechts einbiegen ∿ über eine Brücke und vorbei am **Automobilmuseum** ∿ in weiterer Folge durch **Kammer** hindurch ∿ in **Asham** an der Kreuzung links halten Richtung Halfurt.

Halfurt

In Halfurt über eine Brücke und rechts einbiegen ∿ am Waldrand entlang nach Unteröd.

Unteröd

Hier an der Vorfahrtsstraße rechts Richtung Stephanskirchen ∿ hinter Durrhausen geht es bergauf ∿ an der Vorfahrtsstraße rechts direkt nach Stephanskirchen.

Stephanskirchen

An der **B 304** links Richtung Wasserburg ∿ nun auf der Bundesstraße bergab durch Osendorf, Schilchau und kurz darauf rechts ab Richtung Kling ∿ links nach Brudersham.

Brudersham

Durch den Ort einfach hindurch nach Altbabensham.

Altbabensham

In einem spitzen Winkel nach links dem Radschild folgen ∿ am Haus Nr. 14 vorbei ∿ bald endet der Asphalt und der Weg wird holprig ∿ im Wald wird der

Rathaus in Wasserburg

Weg auch noch schmäler ⌇ am Waldrand an der Vorfahrtsstraße geradeaus ⚠ Achtung: Gefährliche Kreuzung! ⌇ durch **Riepertsham** hindurch und an der Vorfahrtsstraße links nach Penzing.

Penzing

PLZ: 83547; Vorwahl: 08071

🏛 **Gemeindeverwaltung**, Babensham, Raiffeisenstr. 3, ✆ 9220-0

Auf der Ortsdurchfahrtsstraße aus Penzing hinaus und weiter nach **Äußere Lohe**, ein Ortsteil der Stadt Wasserburg ⌇ an der Vorfahrtsstraße rechts halten auf den Rad- und Fußweg und auf diesem unter der Brücke hindurch ⌇ auf der anderen Seite gibt es einen beidseitigen Radweg ⌇ nun Richtung Zentrum.

Wasserburg am Inn

PLZ: D-83512; Vorwahl: 08071

🏛 **Verkehrsbüro Wasserburg**, Salzsenderzeile, Rathaus, ✆ 10522.

🏛 **Wegmacher-Museum**, Herderstr. 5, ✆ 7473. ÖZ: Mo-Fr 8-11 Uhr und 13-15 Uhr. Alles zu Straße und Verkehr.

🏛 **Erstes Imaginäres Museum**, im ehemaligen Heiliggeist-Spital, ✆ 4358, ÖZ: tägl. 13-17 Uhr. Im

Luftaufnahme von Wasserburg

weltweit einmaligen Museum sind über 400 Nachbildungen berühmter Gemälde und Zeichnungen zu sehen.

🏛 **Museum Wasserburg**, Herreng. 15, ✆ 925290, ÖZ: 1. Mai-30. Sept. Di-Fr 10-12 u. 13-16 Uhr, Sa, So, Fei 11-16 Uhr; 1. Okt.-30. April Di-Fr 13-16 Uhr, Sa, So, Fei 13-15 Uhr. Die umfangreichen Sammlungen lassen sich in drei thematische Schwerpunkte gliedern: Stadt- und Familiengeschichte, Sammlung bäuerlicher Wohnkultur, Handwerk und Gewerbe.

🔓 **Burg**. Errichtet 1531, heute Altersheim. Mit ihren Stufengiebeln bietet sie einen malerischen Anblick.

✳ **Kernhaus**. Gegenüber dem Rathaus. Aus dem 15. Jh. mit stuckierter Fassade von J. B. Zimmermann um 1738.

✳ **Brucktor**. Eingang zur Altstadt. Dahinter versteckt sich das Heilig-Geist-Spital (1341) mit spätgotischer Kapelle.

✳ **Altes Mauthaus**. Bruckgasse/Ecke Markt. Mit Baujahr im 14. Jh. gilt es als ältestes Haus der Stadt.

✳ **Rathaus**. Bestehend aus zwei Gebäuden aus dem 14. bzw. 15. Jh. Im Mittelalter vereinigte es noch Ratsstube, Brothaus und Tanzhaus. Die geschnitzte Balkendecke der Ratsstube ist noch erhalten.

🏊 **Badria**, Alkorstr. 14, ✆ 8133. Bade-, Sport- und Freizeitzentrum.

Das einmalige Stadtbild von Wasserburg ergibt sich zum einen aus der halbinselähnlichen Lage und zum anderen durch die – aufgrund Platzmangels – dichte Besiedelung. Die Stadt in der Flussschleife ist gewiss die schönste der Innstädte. Ihr natürlicher Ursprung reicht zurück in die Zeit, wo der Moränenwall des Inngletschersees brach und der so entstandene Fluss sich, den eiszeitlichen Schotter auswaschend, durchs Land wand. Trotz langsameren Flusslaufes, bedingt durch die Staustufen, hält die Abtragung am Prallhang gegenüber der Stadt heute weiter an. Dafür wächst der Schwemmlandteller, der die Stadt trägt.

So nahe am Fluss gelegen, wurde die lehmbraune Flut der Hochwässer oft zum Verhängnis für die Bewohner. Daran erinnert heute noch die „verlorene Zeil". Die fließende Straße brachte aber auch Wohlstand. Hier führte durch Jahrhunderte die Salzstraße von Reichenhall nach München. Bis vor 150 Jahren wurden die Schiffszüge innaufwärts von Pferden auf wechselndem Ufer geschleppt. So ein Schiffszug brauchte von Wien bis Wasserburg rund sechs Wochen. Der Bau der Burg, nach der die Stadt benannt ist, begann auf dem langgestreckten Hochrücken schon im frühen Mittelalter. Sie bot auch den Münchnern Schutz, wo sie im Dreißigjährigen Krieg vor den schwedischen Truppen flohen. Die Stadt war aber nicht nur im Salzhandel Münchner Innhafen, von hier aus zogen auch die Soldaten der bayerischen Herrscher gegen die Türken bei Wien ins Feld.

Die erkerbewehrten Häuser der Innfront mit ihren wehrhaften Zinnen und verblendeten Giebeln strahlen eine fast südländische Atmosphäre aus. Die italienische Architektur

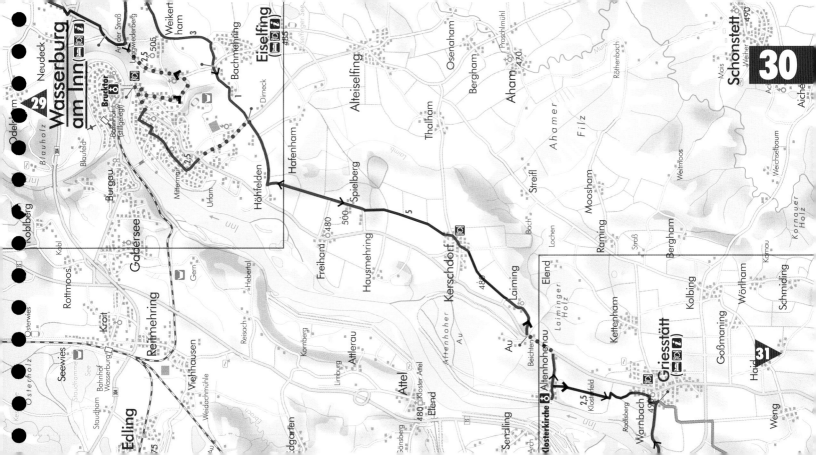

konnte hier nach dem Dreißigjährigen Krieg Fuß fassen. Wasserburg ist gleichzeitig ein schönes Beispiel für die Innstadtbauweise.

Von Wasserburg nach Griesstätt   12,5 km

Von Bachmehring an die Vorfahrtsstraße ~ hier geradeaus nach **Höhfelden** ~ zwischen den Häusern links abbiegen direkt auf den Weiler Spielberg zu ~ auf dem **Kirchweg** kommen Sie nach Kerschdorf.

Kerschdorf

Beim Gasthof an der Vorfahrtsstraße links ~ nach zirka 200 Metern links einbiegen und nach weiteren 100 Metern rechts ~ nun geradeaus nach **Laiming** ~ hindurch und an der Vorfahrtsstraße links ~ nach 400 Metern im Verkehr rechts einbiegen nach Althohenau.

Altenhohenau

Die Nonnen im Kloster Altenhohenau, dem ersten dieses Ordens in Deutschland, erlebten nach der Gründung im 13. Jahrhundert so manches Unheil der Geschichte. Brand, Flucht vor dem heranrückenden schwedischen Heer auf Frauenchiemsee und die Schließung für mehr als hundert Jahre im Zuge der Verweltlichung sind traurige Höhepunkte im Leben des Klosters. Seine Kirche beherbergt einen Altar von Ignaz Günther und eine stoffgekleidete Schnitzfigur namens „Altenhohenauer Jesulein", früher als Gnadenbild verehrt. Sehenswert ist auch die Rokokoausstattung.

Noch vor der Klosterkirche führt die Route nach Süden durch das Klosterfeld bis nach Griesstätt ~ hier nach dem **Friedhof** rechts.

Griesstätt
PLZ: 83556; Vorwahl: 08039
🛈 Gemeindeamt, Innstr. 4, ☏ 9056-0

Griesstätt wurde 924 erstmals in einer Urkunde vom Herzog Arnulf von Bayern – welche den Namen „Rhini-Urkunde" trägt – erwähnt. In Griesstätt lebte schon seit dem 12. Jahrhundert niederer Ortsadel, woraus sich im Laufe der Zeit eine dauerhafte Herrschaft bildete. Aufgrund der Erbfolge gelangte Griesstätt schließlich in den Besitz von Sieghart von Leublfing, der die Hofmark an Alexander von Freyberg zu Hohena-
schenau und Neubeuern verkaufte. Bis 1667, als das Kloster Altenhohenau die Hofmark erwarb, hatte Griesstätt viele verschiedene Besitzer. Nach der Säkularisation wurden die Steuerdistrikte Griesstätt, Holzhausen und Kolbing gegründet, die schließlich zur Gemeinde Griesstätt zusammengeschlossen wurden. Nachdem Griesstätt auch noch kurze Zeit Teil der Verwaltungsgemeinschaft Rott am Inn war, ist es nun seit 1986 eine eigenständige Gemeinde.

Von Griesstätt nach Rosenheim   20 km

Auf der Landstraße geht es aus Griesstätt hinaus ~ bis an die **Innbrücke** ~ rechts über den Inn und nach der Brücke links auf den Kiesweg ~ zur Linken das Mündungsgebiet der Rott ~ am Querweg links über die Brücke und in einem Rechtsbogen am **Rottdamm** entlang ~ nach zirka zwei Kilometern links über die Rott.

Tipp: Bei der Brücke können Sie rechts einen Ausflug nach Rott am Inn machen und die Kaisergruft in der Benediktinerkirche besichtigen.

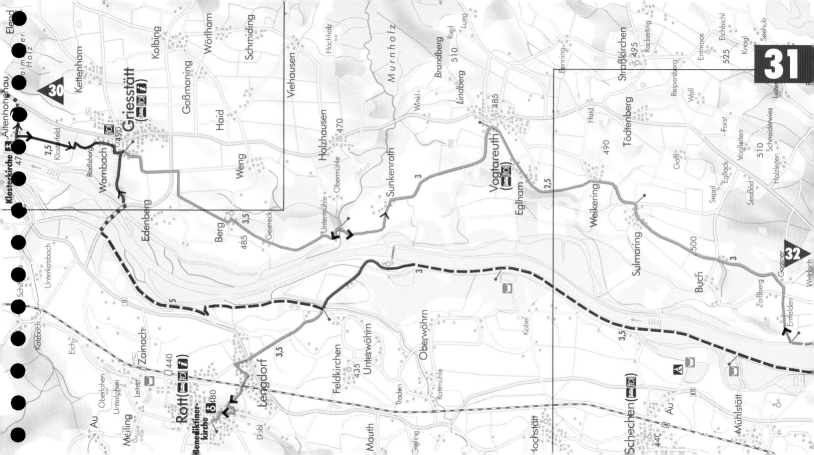

Rott am Inn

PLZ: D-83543; Vorwahl: 08039

🛈 **Gemeindeverwaltung** Rott am Inn, Kaiserhof 3, ☎ 9068-0.

🔢 **Benediktinerkirche** und Kaisergruft. Ein Triumph des bayerischen Barock, nach einem Entwurf von Johann Michael Fischer 1759-63 erbaut. Zudem letzte Ruhestätte des ehemaligen bayerischen Ministerpräsidenten Franz-Josef-Strauß und Gattin.

Rott am Inn wurde im 11. Jahrhundert Sitz des Benediktinerordens. Der Klosterbesitz umfasste zeitweise 65 Güter, die bis zur unteren Donau reichten. Die alten Klosterbauten fielen im 19. Jahrhundert der Säkularisation zum Opfer. Was blieb, ist die Kirche. Die gänzlich erhaltene Innenausstattung der heutigen Pfarrkirche trägt die Handschrift der führenden Künstler der Zeit. Das Kuppelbild stammt von Matthäus Günter. Dieser Bau des berühmten oberbayerischen Barock lässt den Übergang

Zentrum von Rosenheim

vom Rokoko zum Klassizismus gut erkennen.

Das Kloster Rott am Inn ist allerdings nur eines der vielen Klöster, die den Fluss bis zur Mündung in die Donau zieren und dem Land am Inn das Attribut „Kulturland" bescheren.

*Auf der Hauptroute geht es nun Richtung Inn 〰 in einem Rechtsbogen am **Kraftwerk Vogtareuth** vorbei 〰 danach weiter auf dem unbefestigten Weg entlang des Inn-Flusses 〰 13 Kilometer lang ist der Radweg bis nach Rosenheim 〰 auf der Straße geht es an einigen Badeseen vorbei 〰 bereits in Rosenheim wird der Zusammenfluss von Mangfall mit Inn passiert 〰 kurz darauf über das Flüsschen **Mangfall** 〰 an der **Innstraße** links und über die Brücke.*

Rosenheim

PLZ: D-83022-26; Vorwahl: 08031

🛈 **Touristinfo**, Stollstr. 1/Ticketcenter, Postadresse: D-83022

Kufsteiner Str. 4, ☎ 3659061.

🏛 **Innmuseum**, Innstr. 74, ☎ 305-01, ÖZ: April-Okt., Fr 9-12 Uhr, Sa/So 10-16 Uhr. Ausstellungen zur Hydrologie und Geologie des Flusses, seiner Besiedelungsgeschichte sowie der Innschifffahrt. Modell eines bergwärts geschleppten Schiffzuges.

🏛 **Städtische Galerie**, Max-Brahm-Pl., ☎ 361447, ÖZ: Di-So 10-17 Uhr und jeden 2. u. 4. So im Monat. Wechselnde Ausstellungen.

🏛 **Städtisches Museum**, Mittertor, Ludwigspl. 26, ☎ 798994, ÖZ: Di-Sa 10-17 Uhr und So 13-17 Uhr. Vor- und Frühgeschichte mit Römersammlung, Innschifffahrt, Marktgeschichte und Handwerk sind Schwerpunkte; u.a. eine voll eingerichtete Küche aus dem 17./18. Jh.

🏛 **Holztechnisches Museum**, Max-Josefs-Pl. 4, ☎ 16900, ÖZ: Di-Sa 10-17 Uhr. Holzverarbeitung in den Bereichen Wohnen, Landwirtschaft, Verkehr, Architektur und Kunst einst und jetzt, Originalstücke und Modelle.

🏛 **Ausstellungszentrum Lokschuppen**. Rathausstr. 24, ☎ 3659036. Mai-November finden hier regelmäßig große Sonderausstellungen statt.

✳ **Max-Josefs-Platz**. In der heutigen Fußgängerzone sind noch charakteristische Innstadthäuser mit ihren Laubengängen und dem waagrechten Frontalabschluss vor den Grabendächern zu sehen.

Bereits in der römischen Antike trafen wichtige Handelswege bei Rosenheim aufeinander: Die Konsularstraßen zwischen Salzburg und

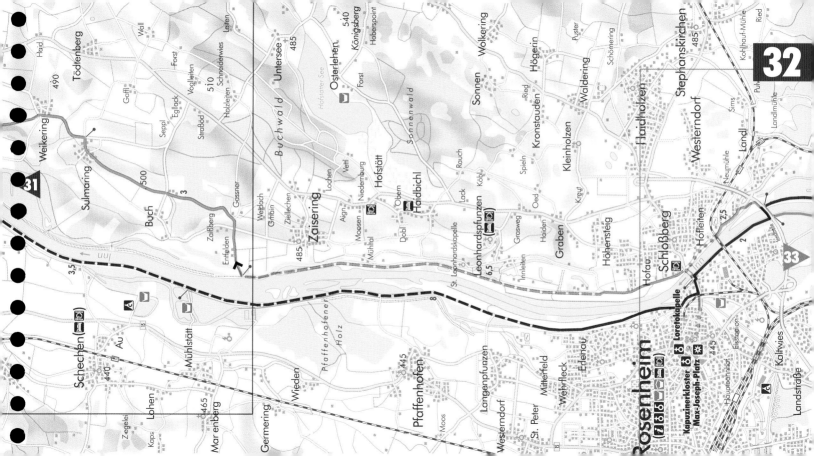

32

31
33

Weikering
Haid
490
Tödenberg
Wall
Gofll
5ïo
Forst
Vogileiten
Schneiderwies
Leiten
Egllack
StraBöd
Seppl
Holzleiten
500
3
ZaBberg
Sulmaring
Buch
Gassner
Entfelden
3,5

Buchwald
Untersee
485
Hofstätter See
Osterlehen
Forst

540
Königsberg
485
Häberspoint

Wolkering
Sonnen
Högerin
Puster
Waldering
Schömering
Ried
Kronstauden

Schömering
Haidholzen
485
Stephanskirchen
Westerndorf
Landl
Sims
Ried
Kohlhauf-Mühle

Sonnenwald
Hofstätt
Vetti
Lochen
Aign.
Niedernburg
Obern
Dobl
Moosen
Zellechen
Weitbach
Grötsin
485
Mühltal
Zaisering

Haidbichl
Lack
Köbi
Rauch
Oed
Graslech
Haiden
Spieln
Kreut
Kleinholzen

Höhensteig
Graben
Hofau
Höhfleiten
SchloBberg
2,5
2

Leonhardspfunzen
St. Leonhardskapelle
6,5
Innleiten

Pfaffenhofener
Holz
Erlenau
Mitterfeld

Schechen
440
Au
Mühlstätt
Lohen
Zegelei
Kapa
Mar enberg
465
Germering
Wieden
Moos
Pfaffenhofen
445
Langenpfunzen
Westerndorf
St. Peter
Wehrfleck

Rosenheim
Kapuzinerkloster
Max-Joseph-Platz
Loretokapelle
445
Eisstadion
Hauptbahnhof
Kaltvjes
Landstraße
Neumühle
2,5

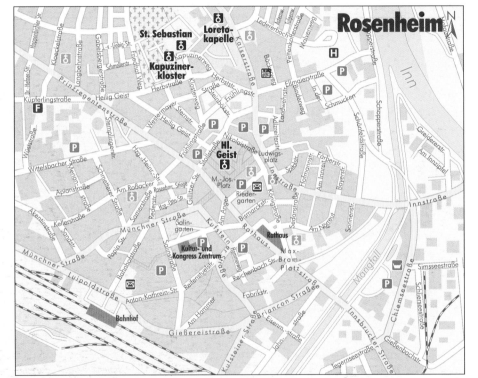

Rosenheim

Augsburg, sowie zwischen Innsbruck und Regensburg. Denn lange bevor Kaiser Augustus im Jahr 15 v. Chr. das Land eroberte und in die Provinzen Noricum und Rätien gliederte, deren Grenze der Inn bildete, blühte in Rosenheim schon der Fernhandel mit Bernstein und anderen Waren zwischen dem nördlichen und dem südlichen Europa.

An der Funktion als wichtiger Warenumschlagplatz hat sich auch in der Gegenwart nichts geändert: Die Stadt am Inn ist nach wie vor ein Wirtschaftszentrum mit einem Einzugsgebiet, das weit über seine Grenzen reicht. Handel und Verkehr haben Rosenheim geprägt, wobei der Inn immer eine große Rolle spielte. „In Rosenheim beginnt die Welt", sagten die Chiemgauer vor 1857, als der erste Eisenbahnzug hier eintraf. Ursprünglich war die Bahnlinie München – Wien über Wasserburg geplant, die Schienen verlegte man jedoch in Richtung Rosenheim.

Von Rosenheim nach Salzburg

Der vierte Abschnitt beginnt in Rosenheim und führt durch das Inntal ins schöne Tirol mit seinen atemberaubenden Alpenpanoramen und geraniengeschmückten Dörfern. In Bad Reichenhall gilt es dann eine Entscheidung zu treffen, entweder im reizvollen Saalachtal oder über Berchtesgaden nach Salzburg zurückzuradeln. Die Stadt, in der der Mozart-Radweg seinen Ausgangspunkt hat, ist auch das Ziel – Salzburg.

Die Route verläuft im zweiten Abschnitt auf Radwegen entlang des Inns und auf ruhigen Nebenstraßen und Wirtschaftswegen. Es gibt nur ganz kurze Abschnitte im Verkehr, dafür aber einige Steigungen, vor allem in Tirol.

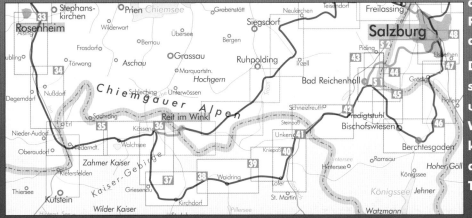

75

Rosenheim

Von Rosenheim nach Niederndorf　　　29 km

Auf der Innbrücke ans Ostufer und dort rechts weiter auf der **Rohrdorfer Straße** im Verkehr ∽ nach der Eisenbahnunterführung beginnt zur Linken ein Radweg bis zur nächsten Innbrücke dort rechts bis an die Brücke ∽ in einer Schlinge hinunter zum Ufer ∽ nun auf Asphalt am **Inndamm** weiter ∽ in einem Bogen um das **Umspannwerk** und wieder zurück ans Ufer ∽ der Asphalt endet und auf Kies geht es der Autobahnbrücke entgegen ∽ darunter hindurch und weitere 4,5 Kilometer auf dem Inndamm bis zur Kreuzung nach Neubeuern.

Tipp: Hier können Sie der Stadt und dem hochgelegenen Schloss Neubeuern einen Besuch abstatten.

Neubeuern

PLZ: D-83115; Vorwahl: 08035

🛈 **Verkehrsamt**, Marktpl. 4, ✆ 2165.

🏰 **Schloss Neubeuern**. Erbaut 1150 und hoch über dem Ort gelegen.

Gekreuzte Schiffshaken bilden das Wappen von Neubeuern, sie erinnern an die Vergangenheit und das einst wichtigste Gewerbe des Ortes. Man sieht in der Kirche, im Wirtshaus und an den Hausfronten immer wieder die Bilder der einstigen Innschifffahrt. Obwohl der Inn heute nur noch bei Hochwasser, wenn seine Fluten immer noch bis nahe an den Burgberg herankommen, seine frühere existentielle Bedeutung wiedererlangt, übte hier noch vor einigen Jahren der letzte Schiffbaumeister am Inn sein Handwerk aus. Er baute, meistens nicht mehr für den Inn bestimmt, die berühmt gewordenen „Neubeurer Gamsen".

Jene Kleinschiffe, mit denen man im Schiffszug einst den Inn und die Donau bis weit „ins Ungarland" hinunter befahren hat.

Berühmt ist Neubeuern, das 1982 offiziell zum schönsten Dorf Deutschlands gewählt wurde, für sein Ortsbild und die schöne Aussicht von der Schlossterrasse. Der Blick reicht am Alpenrand das Flusstal hinauf, bis in die Firnregion des Zentralmassivs. Im Westen ragt der Wendelstein auf, Eckpfeiler und mit 1.838 Metern höchster Berg des bayerischen Inntals. Unter der Burg liegt, zwischen zwei Toren, der Innere Markt. Er strahlt mit seinen schmucken, kleinen Häusern, dem Floriani-Brunnen und den alten Gastwirtschaften eine idyllische Atmosphäre aus. Dazu trägt sicherlich auch bei, dass der Durchzugsverkehr weit unten in der Ebene verläuft.

Auf der Hauptroute folgen Sie dem Verlauf des Inndammes ∽ bald ist die **Staustufe Nußdorf** erreicht ∽ kurz darauf auf Asphalt bei der Brücke von Nußdorf führt die Route ein kurzes Stück nach Westen.

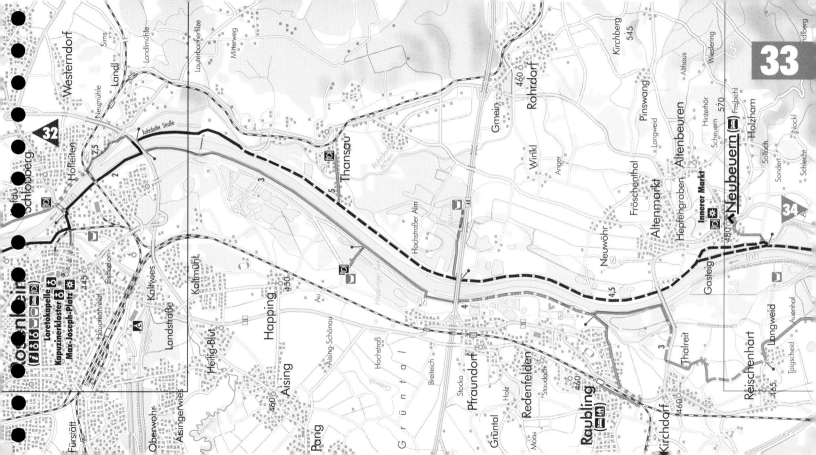

Tipp: An der Brücke haben Sie die Möglichkeit nach links einen Abstecher nach Nußdorf zu machen. In Nußdorf fällt vor allem das von Neubauten verschonte dörfliche Ortsbild auf.

Nußdorf am Inn

PLZ: D-83131; Vorwahl: 08034

🄰 **Verkehrsverein**, Brannenburger Str. 10, ☏ 907920 od. ☏ 19433

🄰 **Pfarrkirche St.Vitus.** Lindenweg. Spätgotischer Bau aus der zweiten Hälfte des 15. Jhs.

🄰 **Kirchwald mit Wallfahrtskapelle**, ca. 45 Min. Aufstieg zu Fuß. Hier befindet sich die letzte bewohnte Einsiedelei Oberbayerns.

🄰 **Freilichtausstellung „Der Mühlenweg"**, die Ausstellung verläuft entlang des Mühlbaches und informiert über die Geschichte und Bedeutung des Triebwerkkanals. Zu sehen sind z.B. Getreidemühlen, Sägewerke, Gipsmühlen und eine Hammerschmiede.

Den Namen Nußdorf hat der Ort vermutlich deshalb erhalten, weil hier viele Nussbäume zu finden sind. Besiedelt war das Gebiet von und um Nußdorf bereits von den Kelten, es folgten die Römer, die somit direkt an der Handelsstraße von Innsbruck nach Regensburg lebten. Die ers-

te urkundliche Erwähnung stammt jedoch erst aus dem Jahr 788. Die Lebensgrundlage der Nußdorfer war der Vertrieb und die Verarbeitung von Gips, Kalk, Zement, Holz und Holzkohle. Sogenannte Innschiffer, von ihnen waren auch viele Bürger von Nußdorf, beförderten die Waren bis ans Schwarze Meer. Da Nußdorf direkt an einem wichtigen Land- und Wasserweg lag, litt es oft schwer unter Bränden und Plünderungen. Heute ist Nußdorf, nachdem es kurze Zeit mit der Gemeinde Neubeuern zusammengeschlossen war, eine selbstständige Gemeinde mit 23 Ortsteilen, in der auf der Freilichtaus-

stellung „Der Mühlenweg" viel interessantes über die Lebensgrundlage und Geschichte der Nußdorfer vermittelt wird.

Noch vor der Brücke links einbiegen auf den unbefestigten Inn-Damm ~ auf diesem 8,5 Kilometer bis Erl ~ der Kiesweg mündet dort in eine Asphaltstraße.

Tipp: Nach links können Sie einen Ausflug nach Erl machen, um den Gasthof Schneiderwirt, dem ältesten Haus am Platze einen Besuch abzustatten.

Erl

PLZ: A-6343; Vorwahl: 05373

🄰 **Tourismusverband**, ☏ 8117.

🄰 **Trockenbachwasserfall.** Östlich von Erl, steht unter Naturschutz.

Zur Linken taucht das Passionsspielhaus von Erl mit seiner geschwungenen, segelartigen Fassade auf. Das jetzige (1959) erbaute Passionsspielhaus umfasst 1.500 Sitzplätze. Neben den Passionsspielen, die alle sechs Jahre stattfinden, wird das Haus als Konzerthalle genutzt. Es hat eine besonders gute Akkustik vorzuweisen, die schon

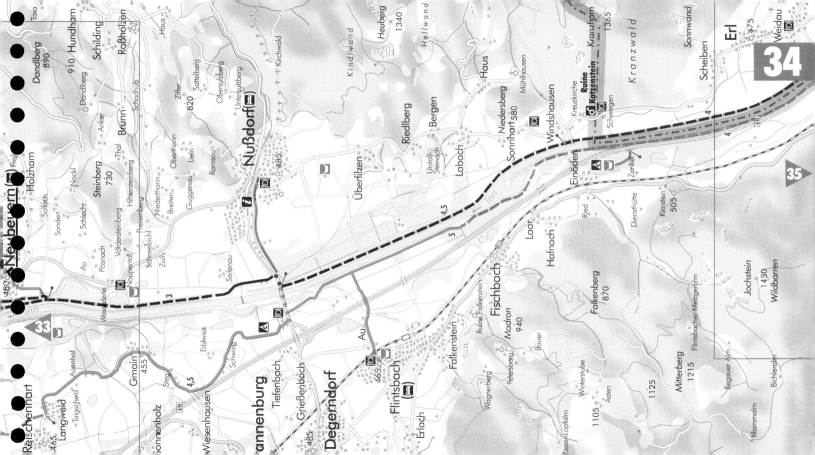

den berühmten Dirigenten Sergiu Celibidachi beeindruckte.

Die Route führt rechts weiter ∿ an der Schwimmhalle vorbei und nach **Mühlgraben** ∿ hier an der Vorfahrtsstraße rechts ∿ auf der Straße geht es an der Zollbrücke Reisach-Mühlgraben vorbei ∿ nun einfach dem Straßenverlauf Richtung Niederndorf folgen ∿ zirka einen Kilometer weiter in der Rechtskurve der Straße zweigt der Radweg rechts ab in das Augebiet ∿ beim **Tiroler Hof** an der B 172 links ein kurzes Stück auf der Straße und gleich in die nächste rechts ∿ dem Verlauf des Weges bis an den Jennbach

folgen und noch vor dem Bach links ∿ am Bach entlang bis an die Querstraße.

Tipp: Hier haben Sie links die Möglichkeit, nach Niederndorf einzubiegen, um das nette Örtchen zu besuchen.

Niederndorf

PLZ: A-6342; Vorwahl: 05373

🇮 **Tourismusverband,** Nr. 32, ✆ 61377.

🎫 **Pfarrkirche,** sehenswert sind die Fresken, welche vom Maler Josef Adam Mölk stammen und bei der Kirchenrestaurierung 1948 entdeckt wurden.

✖ **s'Theata Niederndorf,** Dorf 46a, ✆ 61536. Dorftheater.

🏞 **Wildpark bei Wildbichl,** 5 km nordöstlich, ✆ 62233, ÖZ: ganzjährig geöffnet, 9-18 Uhr. Entlang eines Wanderweges sind viele der heimischen Tierarten vom Luchs bis zum Mufflon im Freigehege zu sehen. Baumlehrweg mit über 60 Baum- und Straucharten.

✉ **Waldschwimmbad,** ✆ 61366, ÖZ: Mai-Anfang Sept., tägl. 9-20 Uhr.

Die erste urkundliche Erwähnung Niederndorfs stammt aus dem Jahr 788. Besiedelt war das Gebiet jedoch erstmals schon etwa 400 v. Chr. und während der Römerzeit lag Niederndorf direkt an einer Römerstraße. 1704 fielen viele Gebäude einem Feuer zum Opfer, welches von den Bayern während des spanischen Erbfolgekrieges gelegt wurde. Zwei Jahre später erhielt Niederndorf von Kaiser Josef I. das Recht verliehen, einmal jährlich einen Jahrmarkt abzuhalten. In den folgenden Jahren erlebte der Ort durch Huf-, Nagel- und Waffenschmieden einen wirtschaftlichen Aufschwung. Ab 1800 hatte Niederndorf unter kriegerischen Auseinandersetzungen zu leiden und von 1815-17 kamen dann schließlich noch Missernten, verursacht durch schlechtes Wetter, hinzu. In den folgenden Jahren, erholte sich der Ort zwar wieder, musste aber durch den 1. und den 2. Weltkrieg starke Rückschläge in Kauf nehmen. Doch ab etwa 1948 ging es schließlich endgültig aufwärts: es wurden das Waldschwimmbad, Schulen, ein Feuerwehrhaus, usw. errichtet. Heute ist Niederndorf mit seinen knapp 2.500 Einwohnern eine landwirtschaftlich geprägte Gemeinde in der es zur Freizeitgestaltung neben vielen Vereinen, wie z.B. den Tennisclub, den Turnverein

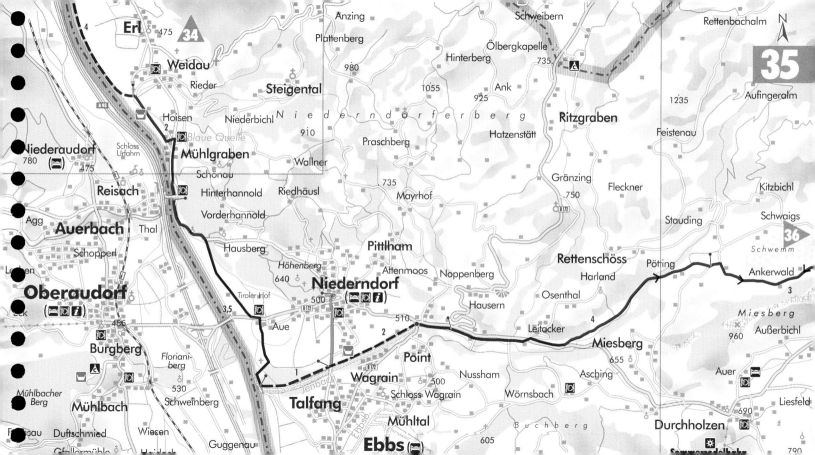

und den Obst- und Gartenbauverein, auch ein eigenes Dorftheater, das sogenannte „s'Theata Niederndorf" gibt.

Tipp: Von Niederndorf aus können Sie auch einen Ausflug in die Perle Tirols, die Stadt Kufstein, unternehmen. Sie folgen ab Niederndorf einfach dem Verlauf des Inntal-Radweges bis nach Kufstein, dabei passieren Sie die Orte Ebbs und Oberndorf.

Kufstein

PLZ: 6330; Vorwahl: 05372

🚩 **Tourismusverband,** Unterer Stadtpl. 8, ✆ 62207

🚢 **Tiroler Innschifffahrt,** ÖZ: Ende April-Okt. Abfahrt: 10.30-14 Uhr, Juli/Aug. 14 u. 16 Uhr, 2 Std. Fahrtdauer.

🏛 **Festungs- und Heimatmuseum,** ÖZ: Mitte Nov.-Mitte Dez. geschl. Objekte aus der Urgeschichte, Landwirtschaft, Gewerbe sowie Zoologie.

🏛 **Nähmaschinenmuseum,** Kinkstraße, ÖZ: Mo-So. Museum zum Gedenken an Joseph Madersperger in seinem Geburtshaus.

🏛 **Museum SINNfonie und Schauglasbläserei,** Weißachstraße

🏰 **Festung Kufstein,** 1205 erstmals erwähnt, Freiluftbühne.

✳ **Heldenorgel** im Bürgerturm der Festung. Erbaut im Jahr 1931, die größte Freiorgel der Welt.

✳ **Sessellift Wilder Kaiser,** ÖZ: Mai-Okt. 9-16 Uhr.

Die Stadt Kufstein entstand am Fuße eines mächtigen Inselberges, umgeben von den steil abfallenden Wänden des Kaisergebirges und der Thierseer Berge, die den Übergang des Inntales zum Alpenvorland beherrschen. Einer geöffneten Pforte gleich zeigt sich die Landschaft. Diese Grenzlage war jahrhundertelang auch der Grund für Zwistigkeiten zwischen Tiroler und bayerischen Herrschern.

Symbolisch für die Bedeutung des Verkehrsweges steht die um 1200 errichtete Festung, die

seitdem ständig nach den jeweiligen Anforderungen der Kriegstechnik ausgebaut wurde. So wundert es nicht, dass die Stadt eine lebhafte Militärgeschichte verzeichnen kann; bei der Eroberung durch Kaiser Maximilian I. im Jahre 1504 wurde sogar erstmalig die Artillerie entscheidend für eine Schlacht eingesetzt. Das mittelalterliche Stadtbild hat Kufstein infolge des Spanischen Erbfolgekrieges, des Tiroler Freiheitskrieges und der Bombardierung 1944 eingebüßt.

Von Niederndorf nach Waidach/Kössen   18,5 km

Auf der Route weiter neben dem Jennbach bis an die B 175 〜 geradeaus an die Kreuzung mit der B 172 〜 hier rechts nach Sebi 〜 zur Rechten beginnt ein Rad- und Fußweg 〜 es geht leicht bergauf 〜 weiter auf dem Radweg 〜 dieser wechselt die Straßenseite und bald darauf links einbiegen bei dem **Sägewerk** 〜 dem Schild „Radroute Richtung Walchsee" folgen Richtung Pötting 〜 links weiter Richtung Walchsee/Rettenschöss 〜 Linkskurve über eine Brücke 〜 danach rechts an einem Bach entlang 〜 bergauf nach Pötting.

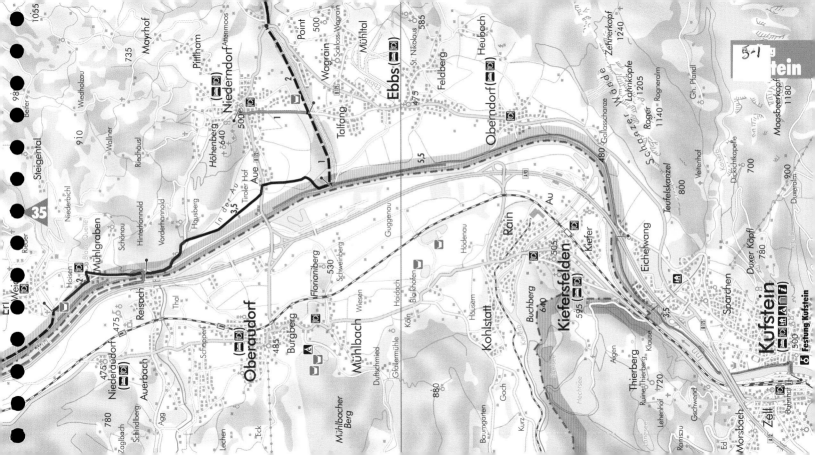

Blick auf Kranzach

Pötting

An der Kapelle vorbei durch den Ort ~ an der Kreuzung links dem Schild folgen ~ an der nächsten rechts, dem Holzschild Richtung Walchsee folgen ~ an der Gabelung links ~ an einem Tümpel vorbei und danach bergauf ~ durch einen Hof hindurch ~ links unten befindet sich das **Feuchtgebiet Schwemm** ~ nach dem **Kieswerk** führt der Weg bergab ~ schließlich ist Walchsee erreicht ~ an der Kreuzung rechts halten und weiter am Bach entlang ~ auf dem Radweg neben dem Bach über die B 172 ~ weiter

neben dem Bach ~ kurz vor dem **Campingplatz** links über die Brücke und gleich wieder links ~ in einem Rechtsbogen direkt nach Walchsee.

Walchsee

PLZ: 6344; Vorwahl: 05374

🛈 **Tourist-Information**, Dorfplatz 10, ☎ 52230

🏛 **Pfarrkirche Heiliger Johannes**

〰 **Wittlinger Therapiezentrum**, Alleestr. 30, ☎ 5245. Neben einem Schwimmbecken gibt es noch ein Whirlpool, Massage, Sauna und Solarium.

🚲 **Hotel Seehof**, Kranzach 20, ☎ 5661

Der Ort Walchsee, ein beliebter Tourismusort, liegt am gleichnamigen Walchsee. Hier bieten sich für Besucher viele sportliche Aktivitäten: am See sind drei Badestrände vorhanden, man kann Wasserskifahren, Windsurfen, Segeln und Angeln. Aber auch an Land gibt es eine Vielzahl an Angeboten, wie z.B. Tennis, Rad fahren, Sommerrodelbahnen, Drachen- und Gleitschirmfliegen und Minigolf. Interessant ist Walchsee aber auch für Naturliebhaber, da das Dorf direkt an der Schwemm liegt. Diese Moorlandschaft ist aus einem eiszeitlichen See entstanden. Sie ist eine der bedeutendsten Moorlandschaften im gesamten Alpenraum und bietet auf einer Gesamtfläche von 63 ha vielen bedrohten und seltenen Tier- und Pflanzenarten einen Lebensraum.

Der Weg führt an der Kirche vorbei und am **Strandbad** ~ hier links halten und an der Vorfahrtsstraße rechts ~ am Ortsende gibt es direkt am Seeufer einen Radweg nach Kranzach.

Kranzach

In Kranzach in die erste rechts einbiegen ~ über einen Parkplatz und weiter in einer leichten Linkskurve ~ zur Rechten ein schöner Ausblick auf den See und die umliegenden Berge ~ beim **Haus Nr. 18** links abbiegen ~ auf dem unbefestigten Weg an die Vorfahrtsstraße ~ geradeaus weiter Richtung Ried ~ auf Asphalt bergauf rechts halten Richtung Ried und Kössen ~ über eine kleine Brücke und wieder bergauf ~ direkt vor dem Hof links halten in einem spitzen Winkel bergauf ~ hinter dem Hof vorbei ~ der Asphalt endet und der unbefestigte Weg verläuft weiterhin am Hang entlang und durch die Wiesen ~ am nächsten Hof vorbei, danach dem Schild nach

36

Schwarz-wald

Rudersburg
1430

Naringalm

Wandberg Haus

Wandbergalm

Baumgartneralm

Feilenberg
750

Notegger Almen

Schinterwinkl

Kössen (⊟ ⊡)

Staffen

Lochner Horn
1450

Brennkopf
1350

Kohlenriedalm

1395

Erlau

590   2

Hütte

Aufingeralm

35

Halbwart

Ottenalm

Riedlberg
1140

Grundharting   6

Waidach

Thurnbichl

Kitzbichl

Winkel

1115

Außerkapelle

Schwaigs

.665

Kranzinger Berg
1015

Golfplatz

Fristenau

Stauding

Maurach

Ried

Niederbichl

Leitwang

19

Schwemm

Ankerwald

Walchsee (⊟ ⊡)

Weissenbach

Schwendtstraße

3   970

660   2,5

Kranzach

Miesberg

Außerbichl
960

Am See

Durchen

Unterschwendt

Auer

Walchsee

Oed

Bichlach

B 176

Moser

Scheibenwald Hütte

Durchholzen
690

Liesfeld

Am Berg   Bichl

745

37

Schlecht

❋ Sommerrodelbahn

Im Kohlental

rechts folgen ~ auf Asphalt geht es nun bergab ~ rechts über die Metallbrücke und gleich über die nächste ~ dem Radschild Richtung Kössen folgen ~ durch **Grundharting** hindurch ~ direkt beim Ortsschild Kössen gelangen Sie an die Vorfahrtsstraße.

Tipp: Links kommen Sie in den Ort Kössen, der sicher eine Besichtigung wert ist.

Kössen

PLZ: 6345; Vorwahl: 05375

🛈 **Tourismusverband Kössen-Schwendt**, Infobüro, Dorf 15, ✆ 6287

🔲 **Pfarrkirche**, Dorf 8, ✆ 6244. Sehenswert sind die 14 Stationsbilder

von Simon Benedikt Faistenberger.

⛰ **Naturlehrpfad Hochschanz-Kalvarienberg**, ✆ 6287 od. ✆ 6255. Der Rundwanderweg informiert anhand von Schautafeln über alles Sehenswerte eines Waldes und versucht damit, den Bezug Mensch-Natur-Umwelt wieder herzustellen.

✉ **Erlebnis-Waldbad**, Schwimmbadweg, ✆ 6287, ÖZ: Mitte Mai-Mitte Sept., tägl. 9-19 Uhr.

🏨 **Sporthotel Tyrol**, Dorf 12, ✆ 6241

Von Waidach/Kössen nach Griesenau   15,5 km

Die Hauptroute führt geradeaus über die Vorfahrtsstraße ~ vorbei an der Ferienwohnung ~ nun dem Straßenverlauf folgen und nach dem **Golfplatz** rechts auf den Radweg ~ dieser mündet in Weidach an der Kreuzung, wo es links nach Kössen geht ~ hier aber geradeaus weiter Richtung Schwendt ~ rechts halten ~ an der Vorfahrtsstraße für ein kurzes Stück nach rechts ~ im Kreisverkehr rechts Richtung St. Johann und Schwendt in die **Schwendtstraße** ~ es geht bergauf und vorbei am Sand- und Kieswerk ~ auf dieser Straße nach Schwendt.

Schwendt

PLZ: 6345; Vorwahl: 05375

🛈 **Tourismusverband Kössen-Schwendt**, Infobüro, Dorf 15, ✆ 6287

Vorbei am Feuerwehrhaus, Supermarkt und Kirche ~ aus Schwendt hinaus und weiter Richtung Gasteig ~ die Route führt nun durch das **Kohlental** ~ der Kohlenbach kreuzt immer wieder die Straße ~ mal am Waldrand entlang und dann in den Wald hinein ~ vorbei an einer kleinen **Kapelle** ~ durch Griesenau hindurch.

Griesenau

Von Griesenau nach Lofer   22 km

Dahinter leicht bergauf in den Wald hinein ~ immer dem Straßenverlauf folgen bis nach Gasteig.

Gasteig

Am Ortsende gibt es zur Linken einen Rad- und Fußweg ~ an der Kreuzung links abbiegen Richtung Kirchdorf i. Tirol ~ von der Schwendter Straße in die **Gasteiger Straße** ~ am Ortsende ein Gefälle von 13% und kurvenreich auf 1,5 Kilometern ~ im Tal eine starke Linkskurve ~ am

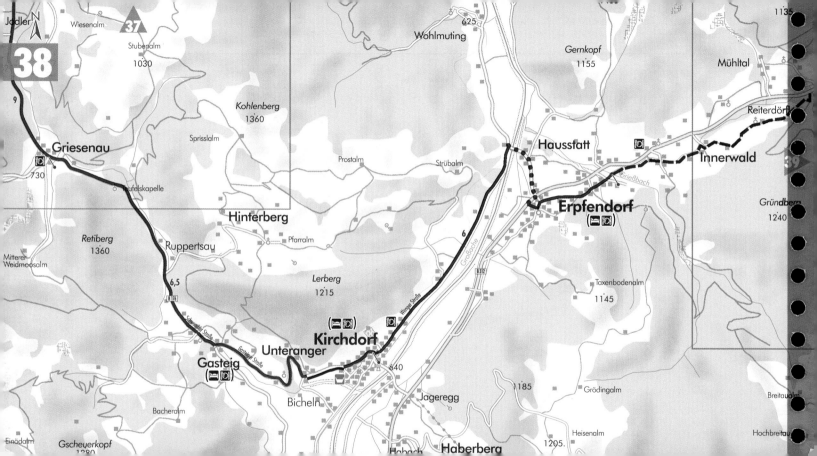

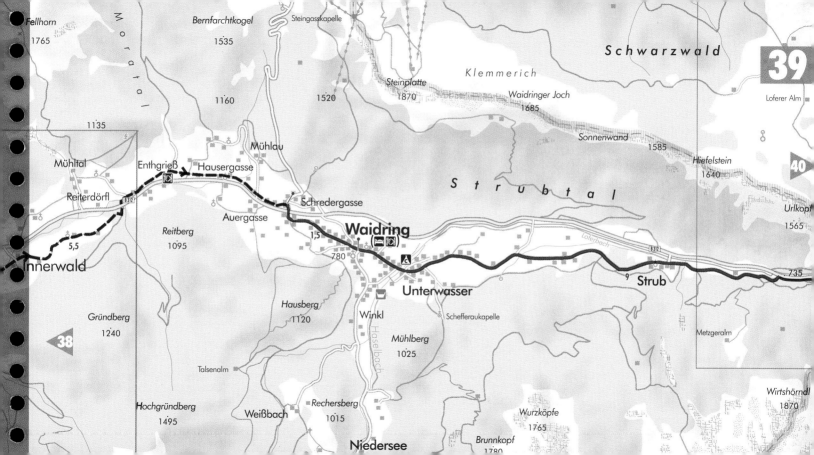

Haus Unteranger Nr. 1 vorbei ∿ zur Rechten beginnt ein Rad- und Fußweg bis nach Kirchdorf.

Kirchdorf i. Tirol

PLZ: 6382; Vorwahl: 05352

- 🛈 **Tourismusverband**, Litzlfeldner Str. 2, ✆ 6933
- ⛪ **Kirche zum Hl. St. Stephan**, Dorfplatz
- ✳ **Stausee Kirchdorf**, ✆ 6933. Es besteht die Möglichkeit, an einer Führung des Kraftwerkes am Stausee teilzunehmen.
- ✳ **Metzgerhaus**, ✆ 6933. Das unter Denkmalschutz stehende Haus war ursprünglich ein Bauernhof. Heute werden darin diverse Veranstaltungen und Ausstellungen abgehalten, außerdem werden auch Führungen, nach Vereinbarung, angeboten.
- 🚶 **Flusserlebnisweg Grossache**, ✆ 6933. Entlang des Weges informieren Schautafeln über das Hochwasserschutzprojekt Kirchdorf.
- 🏊 **Freischwimmbad**, Kaiserstr. 2, ✆ 66010, ÖZ: Mai-Mitte Sept., tägl. 9-19 Uhr.
- 🛏 **Schwabegger**, Dorfstr. 9, ✆ 63105

In den Ort hinein ∿ eine starke Rechtskurve zur Kirche ∿ bei der Kirche links ∿ um diese herum und geradeaus weiter in die **Wenger Straße** ∿ aus Kirchdorf hinaus parallel zum Damm der Großache ∿ dem Straßenverlauf entlang des Baches folgen ∿ der Bach mündet schließlich in die

Ausblick bei Atzlbach

Großache ∿ an der Vorfahrtsstraße rechts ∿ auf der Brücke über die Großache bis an die Bundesstraße ∿ erst rechts Richtung Innsbruck und gleich in die erste links nach Erpfendorf.

Erpfendorf

Vorbei an der Tourismus-Info und an der Kirche ∿ in der Linkskurve und an der nächsten rechts ∿ vorbei am **Tennisplatz** ∿ aus Erpfendorf hinaus leicht bergauf am Waldrand entlang ∿ über den Griesbach ∿ nun dem Radschild Richtung Waidring folgen auf dem unbefestigten Weg ∿ über eine Holzbrücke ∿ parallel zur Bundesstraße

∿ rechts über den Bach und dann am rechten Ufer weiter ∿ bei **Lärchenhof** heißt der Weg **Rudersberg** und führt weiterhin unbefestigt am Bach entlang ∿ er nähert sich in weiterer Folge der Straße ∿ direkt neben der Straße über eine Holzbrücke und danach links unter der Straße hindurch und auf der anderen Seite rechts weiter.

Hinter dem **Gasthaus Enthgrieß** vorbei am Bach entlang ∿ der Weg ist gekiest und nähert sich wieder der Straße ∿ es geht bergauf ∿ danach wieder herunter zur Straße ∿ über eine Holzbrücke nach links ∿ hinter den Häusern parallel zur Straße ∿ vorbei am Holzknechtstüberl und an der Straße zuerst links und danach geradeaus hinüber nach Waidring hinein.

Waidring

PLZ: 6384; Vorwahl: 05353

- 🛈 **Tourismusverband Waidring**, Dorfstr. 12, ✆ 5242
- ⛪ **Schäferau-Kapelle**, die im Wald gelegene Kapelle dient als Andachtskapelle. Im Mai werden hier Maiandachten abgehalten, außerdem ist im Inneren die Kopie einer „Türkenmadonna" zu sehen.
- ⛪ **Dorfkirche**, ÖZ: tägl. 7.30-18 Uhr. Sehenswert sind die Barockfresken sowie die Gestaltung des Kirchenschiffs.

❁ **Glockengießerei Lugmair**, Dorfstr. 43, ✆ 5530, Führungen: Anfang Juni-Ende Sept., Di 10 Uhr, Do 16 Uhr od. n. V.

❁ **Holzschnitzerei Andrä Schreder**, Unterwasser 38, ✆ 5441, ÖZ: Mo-Fr 10-12 Uhr u. 14-18 Uhr. Hier werden Krippen, Holzstatuen, usw. gefertigt.

🚲 **Intersport Kienpointner**, Dorfstr. 6, ✆ 5451

In Waidring auf der Durchfahrtsstraße ∽ aus dem Ort hinaus und weiter auf der Landstraße ∽ in der Linkskurve geradeaus dem Radschild Richtung Lofer folgen ∽ im Gewerbegebiet von Waidring geht es an einer Radlerrast vorbei ∽ danach führt die Strecke in den Wald und über eine Holzbrücke ∽ bei dem Gasthaus macht die Straße eine Linkskurve und hier geradeaus weiter ∽ ein asphaltierter Anliegerweg führt parallel zur Straße ∽ um eine Schranke herum ∽ der Radweg nähert sich der Straße und schließlich führt die Route über die stark befahrene Straße ∽ auf der anderen Seite geht es auf dem schmalen Pfad neben dem Loferbach bergab ∽ weiter links neben dem Loferbach und parallel zur Straße ∽ unter der Brücke hindurch und gleich unter der nächsten Straßenbrücke hindurch.

Auf dem Asphaltweg über eine Holzbrücke und es geht unter der dritten Brücke hindurch ∽ bei dem braunen Holzhaus mündet der Radweg in Lofer ∽ geradeaus über die Holzbrücke und an der Straße links ∽ an den **Sportplätzen**

vorbei mittlerweile links neben der Straße ↝ direkt beim **Salzburgerhof** links einbiegen ins Zentrum von Lofer.

Lofer

PLZ: 5090; Vorwahl: 06588

🛈 Tourismusverband, Lofer 310, ☎ 83210

🗻 Prax-Eishöhle, ☎ 519 oder 520. Die Durchgangshöhle, die hauptsächlich während des Tertiärs und der folgenden Eiszeiten entstanden ist, kann mit einem Führer besucht werden. Führungen dauern 7-9 Std. (davon 2 Std. in der Höhle), gute, warme Ausrüstung und die Vollendung des 15. Lebensjahres sind Voraussetzung.

✴ Kajak & Rafting Fun, Motion Center Andreas Vogelstätter, ☎ 7524

Lofer hatte schon früh als Poststation Bedeutung. Gasthöfe und Schmiedewerkstätten entwickelten sich, Händler und Handwerker folgten nach, sodass Lofer bereits 1232 zum Markt erhoben wurde. Und der Handel florierte prächtig – bis zum Bau der Giselabahn, welche von Salzburg über Zell am See und Saalfelden nach Innsbruck führte und Lofer ins wirtschaftliche Abseits geriet. Man überlegte sich neue Strategien und entdeckte den Tourismus. 1883 wurde der Verkehrsverein Lofer gegründet, 1892 wurde das Schwimmbad gebaut und 1900 die ersten Tennisplätze. 1910 erhielt Lofer schließlich eine Kraftpostverbindung nach Bad Reichenhall. Heute ist Lofer ein beliebter Tourismusort, der vor allem im Winter, während der Skisaison, gerne besucht wird.

Von Lofer nach Bad Reichenhall   23 km

Nach der Ortsdurchfahrt von Lofer an der Bundesstraße nach links ↝ bei nächster Gelegenheit rechts ab ↝ ein nur teilweise befestigter, aber ruhiger Weg führt nun entlang der Saalach nach Unken.

Tipp: Wem der unbefestigte Weg zu holprig ist, kann auch die Radwege entlang der Bundesstraße nach Unken nehmen.

Der **Saalachuferweg** endet bei der Ortschaft Reit, kurz vor Unken ↝ hier auf dem linksseitigen Radweg weiter über den **Kniepass** ↝ kurz vor Unken weicht der Radweg ein wenig von der Straße ab ↝ beim **Lukaswirt** über den Unkenbach und dann der Hauptstraße durch den Ort folgen.

Unken

PLZ: 5091; Vorwahl: 06589

🛈 Tourismusverband, Niederland 158, ☎ 4245

🏛 Heimathaus Kalkofengut, ☎ 4502, ÖZ: 15. Juni-15. Sept., Di-So, jeweils nachmittags. Es sind neben Gegenständen des bäuerlichen Alltags auch Fundstücke aus der Bronze- und Hallstattzeit zu sehen.

✉ Freizeitzentrum, ☎ 4300. Hallenbad, Freibad mit Riesenwasserrutsche, Whirlpool und noch vieles mehr.

Der Ursprung des Namens Unken ist bis heute ungeklärt. In der Geschichte taucht der Ort immer wieder mit eigenartigen Bezeichnungen wie Unchine, Vnchen, Uncna, Vunchne oder Hunche auf. Im Jahr 1137 wird Unken erstmals urkundlich erwähnt. Damals erfolgte unter Propst Gerhoch von Reichersberg die Übereignung einer Salzpfanne in Reichenhall mit sechs Hofplätzen in den Wäldern von Unchen. Dieses Reichersberg liegt übrigens am Inn im oberösterreichischen Innviertel, wo auch der Tauernradweg vorbeiführt. Unken ist heute ein beliebter Winter- und Sommersportort, der seinen Gästen einiges zu bieten hat, wie z.B. Langlaufloipen, Skitouren, Eisstockschießen, Wanderwege, Radrouten und ein Freizeitzentrum.

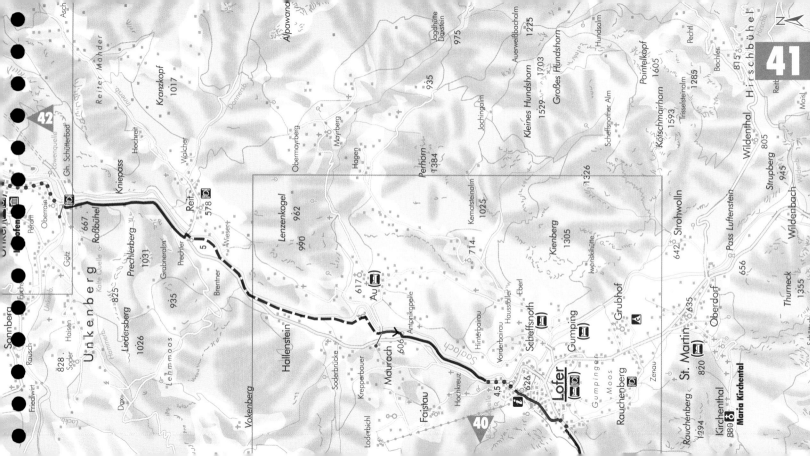

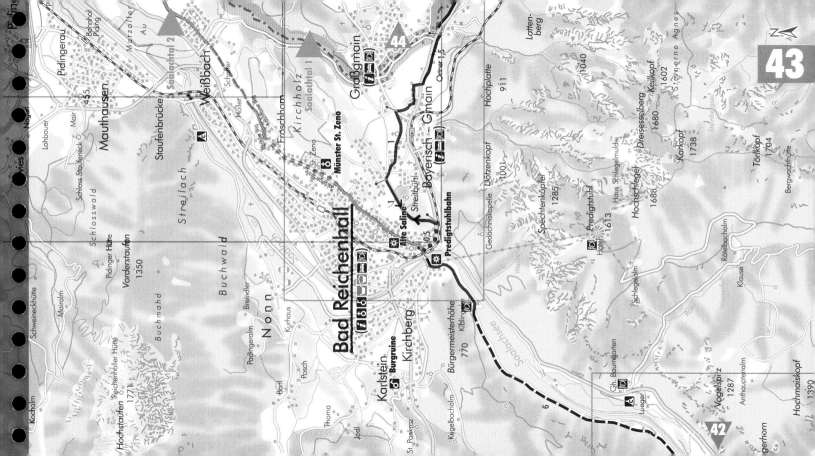

44
42

Bad Reichenhall

Münster St. Zeno

Predigtstuhlbahn

Alte Saline

Streitbühl

Bayerisch – Gmain

Großgmain

Kirchholz

Froschham

Weißbach

Staufenbrücke

Mauthausen

Pidingerau

Pidingerau

Bohnhof Piding

Marzoll Neu

Au

Schafer

Höller

Schloss Stauffeneck

Streitlach

Schlosswald

Pidinger Hütte

Vorderstaufen 1350

Reichenhaller Hütte

Hochstaufen 1771

Schweineschütte

Kochalm

Mairalm

Lohbauer

Mair

455

Buchwald

Buchmahd

Buchald

Nonn

Breindler

Padingeralm

Padingeralm

Kurhaus

Posch

Barti

Thoma

Jedl

St. Pankraz

Kegelbachalm

Lueger

Karlstein

Burgruine

Kirchberg

Bürgermeisterhöhe 770

Kiblingöd

Saalachsee

6

Gedächtniskapelle

Hochplatte

Dötzenkopf 1001

911

1040

Spechtenkopf 1285

Spechtenköpfe

Predigtstuhl 1613

Hotel

Haus Schlegelmulde

Schlegelmuldet

Hochschlegel 1688

Dreisesselberg 1680

Keilkopf 1602

Karkopf 1738

Steinerne Agnes

Rötelbachalm

Lattenberg

Törlkopf 1704

Bergwachhütte

Klause

Gh. Baumgarten

Vogelspiz 1287

Anthauptenalm

Lager

ngerhorn

Hochmaiskopf 1390

Saalachtal 2

Saalachtal 1

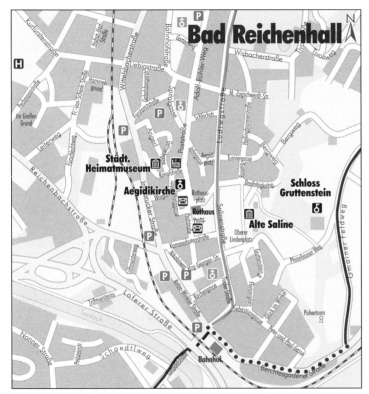

Knapp vor dem **Zollamt Steinpass** nach rechts zur Saalach hinunter und auch gleich über den Fluss ⌁ nun bildet die Saalach die Grenze zwischen Deutschland und Österreich ⌁ auf dem ausgesprochen ruhigen Weg in einer herrlichen Landschaft der „grünen Grenze" entgegen ⌁ diese in Form eines Holzgatters und einer kleinen Brücke passieren.

Auf bayerischer Seite folgt ein kurzer Anstieg ⌁ weiter durch den Wald ⌁ an der alten Brücke nach Schneizlreuth vorbei, am rechten Ufer weiter.

Erst nach 2 weiteren Kilometern Berg- und Talfahrt gelangen Sie bei **Unterjettenberg** zur Bundesstraße ⌁ hier links halten ⌁ über die Saalach auf der alten Steinbrücke und gleich danach rechts abbiegen ⌁ nach den Häusern von Fronau setzt sich ein wunderschöner Waldweg entlang des Saalachstausees fort ⌁ schon im Stadtgebiet von Bad Reichenhall, kurz nach der Talstation der berühmten **Predigtstuhlbahn**, auf die **Thumseestraße** ⌁ nach rechts über die **Luitpoldbrücke** ⌁ um ins Zentrum von Bad Reichenhall zu gelangen, die Unterführung unter der **Loferer Straße** benützen.

Bad Reichenhall

PLZ: 83435; Vorwahl: 08651

🛈 **Kur- und Verkehrsverein** e.V., Wittelsbacher Str. 15, ✆ 66821

🏛 **Städt. Heimatmuseum**, Getreideg. 4, ✆ 5324, ÖZ: Mai-Okt., Di-Fr 14-18 Uhr, jeden 1. So im Monat 10-12 Uhr. Das Museum beschäftigt sich mit der Siedlungsgeschichte des Saalachtales sowie mit der Entwicklung der Salzgewinnung.

🏛 **Salzmuseum** in der Alten Saline, ✆ 7002146, ÖZ: April-Okt., tägl. 10-11.30 Uhr u. 14-16 Uhr; Nov.-März, Di/Do 14-16 Uhr. Museum rund um die Reichenhaller Saline, den Quellenbau, das Salzsieden und alte und moderne Salinentechnik. Geführte Rundgänge sind möglich.

🚹 **St. Zeno Kirche**

🚹 **Aegidikirche**, Aegidipl. Die Kirche wurde 1159

erbaut

- 🏰 **Burg Gruttenstein** mit der historischen Stadtmauer erhebt sich hoch über der Alten Saline. Die Burg befindet sich heute in Privatbesitz.
- ✱ Rund um den **Aegidiplatz** finden sich das Alte Feuerhaus (heute VHS), eine Galerie, die Städt. Musikschule und ein Kleinkunsttheater.
- ✱ Das **Alte Rathaus** am Rathausplatz wurde 1849 erbaut und 1924 mit Fresken bemalt.
- ✱ **Gradierwerk** mit Solebrunnen. Das überdachte Freilufthalatorium befindet sich im Kurgarten
- ✱ **Bad Reichenhaller Glashütte**, In der Alten Saline 12, ✆ 69738, ÖZ: Mo-Fr 9.30-18 Uhr, Sa 9-13 Uhr. Die Glashütte befindet sich im Gebäude der Alten Saline. Hier können Sie den Glasbläser bei der Arbeit beobachten.

- ✉ **Rupertusbad**, ÖZ: Mo 13.30-19.30 Uhr, Di-So 8.30-19.30 Uhr. Therapeutisches Solebad und Freibad.
- 🛁 **Städt. Hallenbad**, ÖZ: Mo-Fr 14-21.30 Uhr; Sa, So, Fei 10-21.30 Uhr

Bad Reichenhall liegt wunderschön in einem Flusstal im Berchtesgadener Land.

Das Salz, auch das „weiße Gold" genannt, bestimmte seit jeher die Geschicke von Bad Reichenhall. Das Salzmuseum in der Alten Saline zeigt die historische und moderne Salzgewinnung in Bad Reichenhall, das durch die Salzgewinnung über die Grenzen hinweg berühmt wurde, in anschaulichen Bildern.

Die malerischen Berge ringsum, das mediterrane Ambiente der Innenstadt mit gemütlichen Cafés und Restaurants sowie das umfangreiche Angebot im medizinischen, kulturellen, künstlerischen und sportlichen Bereich lockt jedes Jahr zahlreiche Gäste nach Bad Reichenhall.

Tipp: In Bad Reichenhall haben Sie zwei Möglichkeiten, um nach Salzburg zu gelangen, entweder die kürzere Variante durch das Saalachtal oder die Strecke über Berchtesgaden

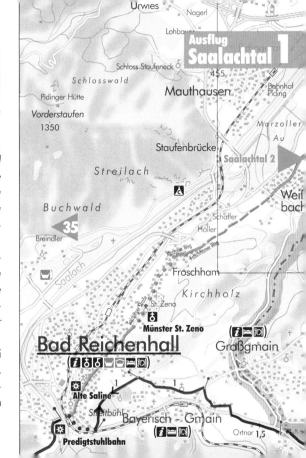

und Hellbrunn. Die Saalachtal-Variante verläuft auf dem Tauern-Radweg.

Durch das Saalachtal — 23 km

Nach der Straßenunterführung hinauf und scharf rechts ∼ nach links in die Altstadt - **Tiroler Straße** ∼ das Fahrrad durch die Fußgängerzone schieben ∼ danach geht die Tiroler Straße über in die **Salinenstraße** und weiter in die **Ludwigsstraße** und schließlich in die **Salzburger Straße** ∼ beim Kurgarten endet die Fußgängerzone und es darf wieder geradelt werden auf der **Salzburger Straße** ∼ dem Radschild Richtung Marzoll/St. Zeno folgen ∼ in Kürze geht es vorbei an der Kirche und am **Friedhof St. Zeno** rechts in den **Marzoller Weg** einbiegen ∼ dieser macht einen scharfen Rechtsbogen und gleich wieder links in die Sackgasse – **Froschhamer Weg** ∼ den kleinen Berg hinunter und nur ein kurzes Stück auf Asphalt ∼ danach rechts halten auf dem unbefestigten Weg ∼ vorbei an dem Holzlagerplatz und weiter auf Asphalt ∼ parallel zur Bundesstraße geht es leicht bergab ∼ über

Schloss bei Marzoll

eine kleine Holzbrücke ∼ der Weg ist schmal ∼ an der Vorfahrtsstraße rechts und geradeaus.

Weißbach

PLZ: 5093; Vorwahl: 06582

🛈 **Gemeindeamt**, Unterweißbach 36, ✆ 8352

⚠ Naturdenkmal Seisenbergklamm,

Weißbach, das etwa 1100 erstmals urkundlich erwähnt wurde, ist der ideale Urlaubsort für Naturfreunde. Der Ort ist von einer Reihe von Bergen, wie z.B. den Leoganger- und den Loferer Steinbergen, der Hochkaltergruppe und den Vorbergen der Reiter Alpen umgeben. Der Ort, der seinen Namen vom Weißbach erhalten hat, bietet viele Rad- und Wanderwege um die Natur rund um Weißbach erkunden zu können. Außerdem gibt es in Weißenbach, das seit 1994 Modellgemeinde der Dorf- und Stadterneuerung ist und seit 1998 den Titel „Fahrradfreundliche Gemeinde" trägt, das Naturdenkmal Seisenbergklamm. Diese Klamm ist während der letzten Eiszeit, also vor etwa 20.000 Jahren, bzw. durch das Abschmelzen des Eises entstanden und gilt als eine der schönsten Klammen in den Alpen.

Die Route verläuft eben dahin zwischen Weißbach und Marzoll ∼ auf der **Grenzlandstraße** gelangen Sie nach Marzoll.

Marzoll

Zur Rechten befindet sich ein Schloss ∼ die Route führt am Schloss, am Hotel und an der Kirche vorbei ∼ nach den letzten Häusern wird der Weg zum Wirtschaftsweg ∼ kurz darauf wird die bayerisch-österreichische Grenze passiert ∼ an der Asphaltstraße links halten und an der Vorfahrtsstraße ebenso links ∼ zur Rechten ein Rad- und Fußweg ∼ hier befinden sich Schilder

Schwaig

Käferheim

Wals
Walser Birnbaum

Viehhausen

Loig

N

Bichlbruck

Walser Feld

Goiser Straße

Viehhauser Straße

Löchensteige

Eichetsiedlung
432

Kendlersiedlung

4,5

Gois
446

Schweizersiedlung

Glan-
siedlung
4,5

Walserstraße

Schwarzgrabenweg

434

Untermoos

Kommunal-
Friedhof

Tannerberger
496

Walserberg

Salzweg

3

Schaffhauser

Haberlander

Glanb.

Kunstmühle

Piding

Buchenhof

Walserberg

Walserberg
482

Mooswiesen

Moosb.

Gh. Hammeraue

Mittermoos

Eichethofsiedlung

Eichet-
wald

Pidinger
Steg

Saalach

Schwarzbach

Kuglstätter

Meister

Walser Wiesen

Steinerb.

Kleingmainberg

Pidingerau

Bahnhof
Piding

Türk

3

Reiterheindl

Wartberg

Jagdhütte

Großmainberg
502

Gh. Esterer

Obermoos

Rossenb.

Eichet

Pflegerbrücke

Reitsamer

Marzoller
Au

Saalachtal 1

Perer

Grenzlandstraße

485

Holzeck

Sandb.

Salzburger
Freilichtmuseum

Schwarzb.

Weiherbauer

482

Sallwastl

Baderbauer

Holznergütl

Marzoll

Weinbacher

Krüzersberg

Glanegg

Weißbach

Wolfsbergmühle

Hacklwald

Fürstenbrunn

446

Prähhauser

Schaffer

Steinerwirt

Buchbauer

Buchegger

Langwiesen

Holzeck

Kühbach

Gröding

Hinterreit

Marmorbrüche

Gemainberg

des Tauernradweges.

Tipp: Es besteht die Möglichkeit, nach rechts einen Abstecher zum Salzburger Freilichtmuseum zu unternehmen. ÖZ: 22. März-2. Nov. u. 26. Dez.-6. Jan. Di-So 9-18 Uhr.

Der Radweg verläuft neben der Straße ∾ schließlich kommt **Wartberg** ∾ vorbei am Gasthaus Wartberg ∾ danach endet der Radweg und weiter auf der Straße ∾ noch vor der Autobahn rechts einbiegen ∾ asphaltierter Weg ∾ kurz darauf links halten in den Wirtschaftsweg ∾ die Route nähert sich der **A1** ∾ über eine kleine Brücke und im Linksbogen.

Tipp: Von hier können Sie einen wunderbaren Ausblick auf die Berge rund um Salzburg genießen!

Im Linksbogen auf Pflaster unter der Autobahn hindurch ∾ der Zustand der Straße ist hier sehr schlecht.

Gois

Rechts halten auf dem **Salzweg** ∾ an der Vorfahrtsstraße geradeaus ∾ auf der **Goiser Straße** vorbei am Reitstall ∾ aus Gois hinaus ∾ an der

Schloss Leopoldskron

Vorfahrtsstraße rechts ∾ unter der A1 hindurch auf der **Viehhauser Straße** nach **Viehhausen** ∾ an der **Laschenskystraße** rechts und aus Viehhausen hinaus ∾ es folgt **Viehhausen-Laschensky** ∾ im Linksbogen geht es durch die **Schweizersiedlung** ∾ rechts einbiegen Richtung Glansiedlung in die **Waldstraße**.

Glansiedlung

An der Vorfahrtsstraße geradeaus über die Brücke ∾ gleich links auf den Radweg ∾ asphaltiert am Glanbach entlang ∾ bald darauf rechts in den **Schwarzgrabenweg** ∾ auf der **Birkenallee** gelangen Sie an die **Moosstraße**

und hier links ∾ es gibt links einen Rad- und Fußweg ∾ von dieser Straße rechts einbiegen in den **Josef-Moosbrucker-Weg** ∾ dieser geht über in die **Georg-Nikolaus-von-Nissen-Straße** ∾ den Schildern nach links folgen in die **König-Ludwig-Straße** ∾ am Leopoldskroner Teich entlang mit einem wunderbaren Ausblick auf **Schloss Leopoldskron** und die **Feste Hohensalzburg** ∾ an der **Firmianstraße** endet der Radweg und hier rechts ∾ an der **Leopoldskroner Allee** rechts ∾ es gibt einen Rad- und Fußweg zur Linken ∾ Richtung Zentrum rechts weiter ∾ im Linksbogen Richtung Anif ∾ der Radweg quert nun die Straße und führt geradeaus nach vor an die **Sinnhubstraße** ∾ diese wird überquert und danach links daneben weiter ∾ an der Ampelkreuzung links ∾ weiter auf dem Radweg neben der **Fürstenallee** ∾ im Bogen und danach links in die **Erzabt-Klotz-Straße** ∾ diese mündet in die **Petersbrunnstraße** ∾ auf dieser bis zur **Nonntaler Brücke** ∾ hier vereinigt sich die Alternative wieder mit der Hauptroute ∾ weiterer Verlauf siehe Seite 109.

Salzburg s. S.12

Von Bad Reichenhall nach Berchtesgaden   *22,5 km*

In Bad Reichenhall nach der Unterführung der Bahnlinie rechts hinauf und auf der **Innsbrucker Straße** nach rechts wenden ∾ vorbei an der **Tankstelle** ∾ es gibt einen Radweg zur Linken.

Tipp: Ab hier verlaufen Mozart-Radweg und Bodensee-Königssee-Radweg auf einer Strecke bis nach Berchtesgaden. Für genauere Informationen zum Bodensee-Königssee-Radweg steht das gleichnamige *bikeline*-Radtourenbuch zur Verfügung.

Nach 500 Metern gegen Ortsende von Bad Reichenhall links in den **Gmainer Feldweg** stark bergauf ∾ an einem Schloss rechts vorüber ∾ geradeaus in den Radweg, dieser endet nach einigen hundert Metern ∾ weiter geradeaus auf der **Sonnenstraße** leicht bergab.

Bayerisch Gmain

PLZ: 83457; Vorwahl: 08651

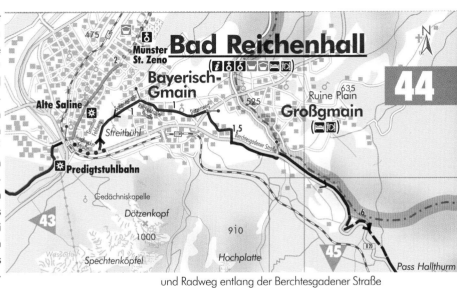

Tourist-Info, Großgmainer Str. 14, ☎ 606401

Von der **Sonnenstraße** rechts in die **Reichenhaller Straße** und somit weiter geradeaus ∾ am Abzweig dem Straßenverlauf nach links folgen ∾ an der Kirche **Bayerisch Gmain** rechts vorüber ∾ bei der nächsten Gabelung links in den **Dötzenweg**.

Die **Großgmainer Straße** überqueren leicht bergab ∾ links am **Kurgarten** entlang ∾ weiter auf der **Dorfbauernstraße** ∾ links in die **Untersbergstraße** bis zur **Berchtesgadener Straße** ∾ diese überqueren und auf dem Fuß- und Radweg entlang der Berchtesgadener Straße bis in die **Römerstraße** ∾ weiter auf der **Hohenfriedstraße** ∾ durch die Unterführung ∾ an Sportanlagen vorbei ∾ weiter auf dem linksseitigen Rad- und Fußweg.

Der Radweg führt nach 1,5 Kilometern links in den Wald hinein ∾ auf dem unbefestigten Haupt-

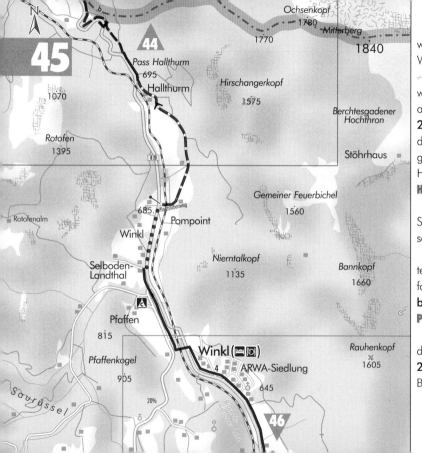

weg stark bergauf durch den Wald Richtung Südosten ∿ nach einem Kilometer wieder auf den linksseitigen, asphaltierten Radweg der **B 20** ∿ nach 500 Metern endet dieser ∿ hier links in den geschotterten Weg Richtung Hallthurm.

Ausblick hinter Bad Reichenhall

Hallthurm

Auf der **Reichenhaller Straße** durch den Ort ∿ kurzzeitig auf asphaltierter Straße in die Sackgasse ∿ an der Gabelung in den unbefestigten Landwirtschaftsweg ∿ durch den Wald.

An einigen Bänken vorüber ∿ zur Rechten ein Wildgehege ∿ an der nächsten Gabelung rechts ∿ dann am Abzweig dem Verlauf der Straße nach rechts folgen ∿ links der **Hof Holzstube** ∿ an der Kreuzung rechts in den **Holzstubenweg**.

Pompoint

Bei den ersten Häusern wieder auf Asphalt ∿ an der T-Kreuzung rechts ∿ über die Bahngleise ∿ an der Vorfahrtsstraße links auf die mäßig stark befahrene **B 20** ∿ über eine Brücke ∿ danach auf den rechtsseitigen Radweg, parallel zur B 20.

Zur Linken die Gleise ∿ über eine weitere Brücke ∿ danach wechselt der

Ortsteil **Winkl** und am Sportplatz vorüber ∿ unter einer Straßenbrücke hindurch.

Bischofswiesen

PLZ: 83483; Vorwahl: 08652

ℹ️ **Verkehrsamt**, Hauptstr. 40, ✆ 977220

An der Kirche von Bischofswiesen rechts vorüber ∿ durch den Ort auf rot gepflastertem Radweg ∿ an einer großen Gabelung endet der Radweg ∿ hier nach links in die **Aschauerweiherstraße** ∿ steil bergauf.

Nach dem Ort in Kurven steil bergab ∿ an einem großen Parkplatz rechts vorüber ∿ vor der Stadt Berchtesgaden ein kurzes Stück auf dem linksseitigen Radweg ∿ weiterhin bergab auf der Durchfahrtsstraße bis zum Schloss.

Berchtesgaden

ℹ️ **Berchtesgaden Tourismus GmbH**, Königsseer Str. 2, ✆ 9670

ℹ️ **Tourismusbüro**, Maximilianstr. 9, ✆ 9445300

Radweg auf die linke Straßenseite ∿ auf dem straßenbegleitenden Radweg an der **Tankstelle** vorüber ∿ in Kurven leicht bergab ∿ rechts am

ℹ️ **Verkehrsbüro Oberau**, Roßfeldstr. 22, ✆ 964960

🏛 **Heimatmuseum-Schloss Adelsheim**, Schroffenbergallee 6, ✆ 4410, ÖZ: ganzjährig, Mo-Fr 10-15 Uhr. Sammlung einheimischer Kunst und Kultur: Holzschnitzereien, Trachten, Spanschachteln, Möbel.

🏛 **Dokumentation Obersalzberg**, Salzbergstr. 41, ✆ 947960, ÖZ: Mai-Okt., Di-So 9-17 Uhr; Nov.-März, Di-So 10-15 Uhr. In einer multimedialen Ausstellung informiert die Dokumentation über die Geschichte des Obesalzberges während der nationalsozialistischen Zeit.

🏛 **Salzbergwerk**, ✆ 60020, Einfahrtszeiten: Mai-Mitte Okt. sowie Ostern, tägl. 9-17 Uhr; Mitte Okt.-April, Mo-Fr 12.30-15.30 Uhr; Floßfahrt über den Salzsee, Filmvorführung. Die Besichtigung unter fachkundiger Führung dauert eine Stunde. Auf Grubenwägen und in die traditionelle Bergmannstracht gekleidet fahren Sie in die Grube ein.

🔵 **Königliches Schloss**, Schlosspl. 2, ✆ 947980, ÖZ: ganzjährig. Die Kunstsammlung umfasst Werke, Plastiken, Mobiliar, Tapisserien und Nymphenburger Porzellan vom 15. - 19. Jh.

✳️ Der **historische Ortskern** von Berchtesgaden ist reich an Plätzen, Bürgerhäusern und anderen Sehenswürdigkeiten.

✳️ Der **Watzmann** (2713 m) ist das Wahrzeichen der Stadt.

✳️ Die wunderschöne Aussicht über das Berchtesgadener Land lohnt den Ausflug zum **Kehlsteinhaus**. Auffahrt Mai-Okt., Infos unter ☎ 967-0.

🅰 **Nationalpark Berchtesgadener Land.** Infos erhalten Sie im Nationalparkhaus Berchtesgaden, Franziskuspl. 7, ☎ 64363, ÖZ: tägl. 9-17 Uhr. Ausstellung zur alpinen Natur, Videofilme, Diaschauen.

🛁 **Erlebnisbad Watzmann Therme,** Bergwerkstr. 54, ☎ 94640. Abwechslungsreiche Badelandschaft mit Rutschen, Strömungskanal, Dampfbad, Sauna, Solarium.

Im Sommer residierten die bayerischen Könige im Königlichen Schloss in Berchtesgaden. Hoch über der Stadt erhebt sich das imposante Panorama des Watzmann. Die markante Ostseite fällt steil zum Königssee hin ab. Das Salz spielte in Berchtesgaden wie auch in Bad Reichenhall eine wichtige Rolle in der Entwicklung der Stadt. Die Sole wird auch an den Kurbetrieb der Stadt geliefert, wo sie stark verdünnt bei der Therapie von Hautkrankheiten zur Anwendung kommt. Zusammen mit dem Nationalpark Berchtesgadener Land gehört seit 1990 das gesamte Kurgebiet zum UNESCO-Biosphären-Reservat Berchtesgaden.

Von Berchtesgaden nach Salzburg   *26 km*

Auf der **Maximilianstraße** bergab bis an

Berchtesgaden

die **Bahnhofsstraße** ⤳ hier Richtung Salzburg nach links ⤳ über die erste Kreuzung und bei der nächsten rechts in die **Bergwerksstraße** Richtung Eisstadion ⤳ auf einer Eisenbrücke über die **Berchtesgadener Ache** ⤳ an Sportplätzen vorbei zur Linken der Fluss ⤳ vorbei am **Salzbergwerk Berchtesgaden** ⤳ noch vor der Brücke rechts in den **Wiesenweg** ⤳ ab hier verläuft ein Radweg entlang der Berchtesgadener Ache ⤳ ein unbefestigter Weg, der aber schon ab der nächsten Brücke wieder asphaltiert ist ⤳ auf dem schmalen Weg an einigen Höfen vorbei ⤳ an der B 305 kommt der Weg wieder heraus ⤳ noch vor der Vorfahrtsstraße links unter der Brücke hindurch ⤳ nun auf

der linken Straßenseite auf dem begleitenden Radweg weiter bis nach **Unterau** ⤳ immer auf der rechten Flussseite.

Vor der Linkskurve der Straße biegt der Radweg links über die Berchtesgadener Ache ein ⤳ weiter am anderen Ufer ⤳ der Radweg-Beschilderung Richtung Marktschellenberg folgen ⤳ zirka 100 Meter nach der Brücke links in den unbefestigten Weg ⤳ es geht am Fluss entlang ⤳ auf dem Kiesweg bis zum **Wirtshaus Kugelmühle** ⤳ dort über den Parkplatz und über die Holzbrücke ⤳ nun dem asphaltierten Weg folgen ⤳ auf der Alten Deutschen Alpenstraße weiter bis nach Schneefelden.

Schneefelden

Auf der **Alten Berchtesgadener Straße** durch den Ort ⤳ bergab nach Marktschellenberg ⤳ in einem Rechtsbogen an die Straße und dort links ⤳ nun einfach dem Straßenverlauf durch den Ort folgen.

Marktschellenberg

PLZ: 83487; Vorwahl: 08650

ℹ **Verkehrsamt,** Salzburger Str. 2, ☎ 988830

✷ **Schellenberger Eishöhle,** ☎ 988830, ÖZ: Pfingsten-Anfang Okt., tägl. 10-16 Uhr, Führungen werden stündlich angeboten. Die Schellenberger Eishöhle ist die einzige begehbare Eisschauhöhle Deutschlands. Während der Führung erhält man Informationen zur Entstehung von Höhlen und Eishöhlen. Zu sehen in der Eishöhle sind Hallen mit „Eismandln", Eisfahnen, verschiedene Eisformationen, usw.

Der Ort, der seinem Entstehen dem Salzvorkommen in diesem Gebiet verdankt, wurde 1112 erstmals urkundlich erwähnt. Aufgrund des Salzabbaus und den daraus resultierenden Einkommen hatten die Bewohner von Marktschellenberg keine finanziellen Probleme. Doch als es schließlich mit dem Salzabbau zu Ende ging, verarmte die Bevölkerung zusehends. Sie versuchten zwar, mit Salzsackfabriken, Strickerei, Korbflechterei und der Erzeugung von Ton der Not Herr zu werden, aber diese Unternehmen scheiterten alle innerhalb kürzester Zeit. Im Laufe der Zeit ging es jedoch trotzdem wieder aufwärts, als mit der Produktion von Murmeln, welche aus Untersberger Marmor hergestellt wurden, begonnen wurde und der Tourismus zu wachsen begann.

Seit kurzem ist nun Marktschellenberg als

Stadtansicht mit Salzach

Gesundheitsdorf bekannt. Es gibt Heu- und Molkebäder, Kneippanlagen sowie Kneipphöfe, auf denen Kneippanwendungen, Sauna und Solarium geboten werden. Jährlich werden hier auch die Marktschellenberger Gesundheitswochen abgehalten. Diese finden immer im März statt und während dieser Zeit besteht die Möglichkeit, an Entschlackungskuren und dem „Fasten für Gesunde" – alles unter ärztlicher Aufsicht – teilzunehmen. Außerdem werden auch Veranstaltungen zur Gesundheitsförderung abgehalten.

Richtung Grödig aus Marktschellenberg hinaus ∿ zur Rechten die Königsseeache ∿ kur-

venreich geht es leicht bergab ∿ die deutsch-österreichische Grenze wird passiert.

Hangenden Stein

Ab der Grenze gibt es zur Linken einen asphaltierten Radweg ∿ an der Ampelkreuzung links Richtung Grödig ∿ zur Rechten die Kirche und zur Linken die Tourist-Info von St. Leonhard.

Sankt Leonhard

Am Hotel Untersberg vorbei ∿ auf dem linksseitigen Radweg nach Grödig ∿ bei der Bushaltestelle endet der Radweg.

Grödig
PLZ: 5082; Vorwahl: 06246

🛈 **Gemeindeamt,** Dr.-Richard-Hartmann-Str. 1, ☎ 72106-0

🛈 **Tourismusverband,** Gartenauerstr. 8, ☎ 73570

🏛 **Radiomuseum,** Hauptstr. 3, ☎ 72857, ÖZ: Mi 15-19 Uhr od. n. V. Thema: Geschichte und Entwicklung des Radios.

🏛 **Untersberger Marmormuseum,** ☎ 76411 od. ☎ 74096, ÖZ: Mai-Okt., Sa,So,Fei 13-18 Uhr, Nov.-April, Sa,So,Fei, 13-17 Uhr. Das Museum informiert über die Geschichte des Unterberger Marmors.

Über eine Brücke und durch den hübschen Ort hindurch ∿ vor der Kirche rechts in die **Schützenstraße** ∿ am Friedhof entlang und

am Gasthof vorbei ᵔ unter der Autobahn hindurch ᵔ gleich links in den **Eichetmühlweg** ᵔ an der Gabelung rechts in den **Sallwastlweg** ᵔ in einer Linkskurve unter der Hochspannungsleitung hindurch ᵔ an der T-Kreuzung am Waldrand rechts ᵔ bei den ersten Häusern endet der Asphalt ᵔ hinter dem Wald an der Kreuzung links ᵔ nun auf Asphalt ᵔ in einem Rechtsknick direkt auf den **Zaunerhof** zu ᵔ gleich nach dem Hof rechts in den Privatweg ᵔ weiter auf der **Herbert-von-Karajan-Straße** nach Anif.

Salzburger Dom

Anif

PLZ: 5081; Vorwahl: 06246

🛈 **Verkehrsverein**, Fürstenweg 1, ✆ 72365

🏛 **Schloss Anif**. Das neugotische Wasserschloss ist in Privatbesitz und kann derzeit nicht besichtigt werden.

🏛 **Pfarrkirche**. Hier befindet sich die Grabstätte des Dirigenten Herbert von Karajan.

📮 **Waldbad Anif**, ÖZ: Mai–Okt.

In dem erstmals 788 urkundlich erwähnten Anif befindet sich auch das Schloss Anif. Dieses wurde erstmals zu Beginn des 16. Jahrhunderts erwähnt, es dürfte aber vermutlich schon Mitte des 13. Jahrhunderts errichtet worden sein. 1530 geht es in den Besitz des Salzburger Kanzlers Niclas Ribeisen zu Leibgeding über. Nach dem Tod des Kanzlers hatte das Schloss viele verschiedene Besitzer bis schließlich 1837 Graf Alois von Arco-Steppberg Eigentümer wurde. Auf seinen Wunsch hin wurde das Schloss im Stil der Romantik restauriert und umgestaltet. Das Schloss wurde teilweise vergrößert, die Innenräume wurden fast als ganzes neu gestaltet. Heute ist das Schloss in Privatbesitz und leider nicht zu besichtigen. Lediglich der Schlosspark wird zweimal jährlich geöffnet: zu Fronleichnam, um kirchliche Prozessionen abhalten zu können und am 8. Dezember für das Turmblasen, bei dem weihnachtliche Lieder gespielt und Schnaps, Lebkuchen und Glühwein angeboten werden.

An der **Brunnhausstraße** links ᵔ an der **Halleiner Straße** rechts ᵔ vis à vis des Hotels Friesacher links einbiegen in die **Mühleistraße** ᵔ an der Gabelung links hinauf, dem Radschild „Tauern-Radweg" folgen ᵔ vorbei am **Tierpark Hellbrunn** durch das ausgedehnte Schlossparkgelände bis an den **Fürstenweg** ᵔ dieser führt geradewegs zum **Schloss Hellbrunn**.

Tipp: Das Schloss mit den berühmten Wasserspielen und dem nicht weniger bekannten Tierpark ist nur mehr wenige Meter entfernt.

Das Schlossgelände verlassen ᵔ über den Parkplatz und nun dem Radschild Richtung Zentrum folgen ᵔ auf einer weiteren Allee ᵔ auf dieser **Hellbrunner Allee** liegen mehrere kleinere Schlösser.

Das erste davon ist Schloss Emsburg. Es wurde 1618 erbaut, kann aber nicht besichtigt werden. Ein Stück weiter liegt das Schloss Frohnburg, dahinter befindet sich Schloss Herrnau.

Hinter Schloss Herrnau über die **Hofhaymer Allee** und dem **Freisaalweg** geradeaus folgen.

Rechts hinter der Hecke sehen Sie das Schloss Freisaal, ein Wasserschloss aus dem Jahr 1549. Den krönenden Abschluss der „Schlössertour" bildet die Feste Hohensalzburg.

Der Freisaalweg mündet in die **Akademiestraße** ～ hier links ～ über die **Erzabt-Klotz-Straße** in die **Zugallistraße** ～ weiter auf die **Nonntaler Hauptstraße** ～ vor dem Landesgericht links weiter in die **Kaigasse** und durch die Fußgängerzone zum **Mozartsteg** ～ an der Salzach entlang ～ bis zum **Makartsteg** und dann am anderen Ufer weiter ～ auf dem Kai bis zur **Jahnstraße** und dort rechts direkt auf den Hauptbahnhof zu.

Salzburg **siehe S.12**

Übernachtungsverzeichnis

Im Folgenden sind Hotels (H), Hotel garni (Hg), Gasthöfe (Gh), Pensionen (P), Privatzimmer (Pz) und Bauernhöfe (Bh), aber auch Jugendherbergen (⌂) und Campingplätze (▲) der wichtigsten Orte entlang des Mozart-Radweges angeführt. Für Varianten gilt dies selbstverständlich auch. Die Orte sind nicht in alphabetischer Reihenfolge, sondern analog zur Streckenführung aufgelistet.

Das Verzeichnis erhebt keinen Anspruch auf Vollständigkeit und stellt keine Empfehlung der einzelnen Betriebe dar! Wichtiges Auswahlkriterium ist die Nähe zur Radroute und zu den Stadtzentren. Die römische Zahl (I-VI) hinter der Telefonnummer gibt die Preisgruppe des betreffenden Betriebes nach

folgender Unterteilung an. Diese Preisgruppen lassen nur bedingt Rückschlüsse auf Qualität oder Ausstattung der Betriebe zu.

I	unter € 15,–
II	€ 15,– bis € 23,–
III	€ 23,– bis € 30,–
IV	€ 30,– bis € 35,–
V	€ 35,– bis € 50,–
VI	über € 50,–

Die Angaben beziehen sich auf den Preis pro Person in einem Doppelzimmer mit Dusche oder Bad und Frühstück, sofern nichts anderes angegeben ist. Betriebe, die nur Etagenduschen bzw. -bäder anbieten, sind durch das Symbol ✗ nach der Preisgruppe gekennzeichnet.

Da wir das Verzeichnis stets erweitern, sind wir für Anregungen

109

Bett & Bike

Alle mit dem Bett & Bike-Logo (🚲) gekennzeichneten Betriebe nehmen an der ADFC-Aktion „Fahrradfreundliche Gastbetriebe" teil. Sie erfüllen die vom ADFC vorgeschriebenen Mindestkriterien und bieten darüber hinaus so manche Annehmlichkeit für Radfahrer. Detaillierte Informationen finden Sie in den ausführlichen Bett & Bike-Verzeichnissen – diese erhalten Sie überall, wo's *bikeline* gibt.

Ihrerseits dankbar. Die Eintragung erfolgt kostenfrei.

Salzburg

PLZ: 5020; Vorwahl: 0662

🛈 Salzburg Information, Auerspergstr. 7, ✆ 88987-0, Fax 88987-32

H Österreichischer Hof, Schwarzstr. 5-7, ✆ 88977, VI
H Austrotel Salzburg, Paris-Lodron-Str. 1, ✆ 881688, VI
H Bayrischer Hof, Kaiserschützenstr. 1, ✆ 4697-0, VI
H Europa, Rainerstr. 31, ✆ 889930, VI
H Kasererbräu, Kaig. 33, ✆ 8424450, VI
H Lasserhof, Lasserstr. 47, ✆ 873388, VI
H Schaffenrath, Alpenstr. 115, ✆ 6390000, VI
H Eva-Maria, Sinnhuberstr. 25, ✆ 829254, VI

H Hohenstauffen, Elisabethstr. 19, ✆ 872193, VI
H Weißes Kreuz, Bierjodlg. 6, ✆ 845641, VI
H Billroth, Billrothstr. 10-18, ✆ 620596, V
H Weiße Taube, Kaig. 9, ✆ 842404, V
H Blaue Gans, Getreideg. 43, ✆ 841317, V
H Austria, Linzer G. 76, ✆ 872313, V
H Herbert, Nonntaler Hauptstr. 85, ✆ 820308, IV
H Lilienhof, Siezenheimerstr. 62, ✆ 433630, III
H Noppinger, Maxglaner Hauptstr. 29, ✆ 834034, III
H Riedenburg, Neutorstr. 31, ✆ 831223, III
Gh Zur Plainbrücke, Itzlinger Hptstr. 91, ✆ 51728, V
Gh Überfuhr, Ignaz-Rieder-Kai 43, ✆ 623010, V
Gh Kirchenwirt, Kirchenstr. 22, ✆ 51085, V
P Schwarzes Rössl, Priesterhausg. 6, ✆ 874426, V
P Künstlerhaus, Hinterholzer Kai 2a, ✆ 861124, IV

P Sandwirt, Lastenstr. 6a, ✆ 874351, II
Pz Bamberger, Gerh.-Hauptmann-Str. 10, ✆ 821474, II
Pz Bloberghof, Hammerauer Straße. 4, ✆ 830227, II
Pz Götzinger, Moosstr. 170, ✆ 826364, II
Pz Haslauer, Moosstr. 142, ✆ 830764, II
Pz Kellner, Moosstr. 186a, ✆ 824921, II
Pz Schneider, Schwedenstr. 18, ✆ 834362, II
Pz Zöller, Moosstr. 64, ✆ 832009, II
🏠 Jugendgästehaus Salzburg, Josef-Preis-Allee 18, ✆ 842670-0, I
🏠 Jugendherberge Eduard-Heinrich-Haus, Eduard-Heinrich-Str. 2, ✆ 625976, I
🏠 Jugendherberge Haunspergstr., Haunspergstr. 27, ✆ 875030, ÖZ: 2. Juli bis 29. Aug., I
🏠 Jugendherberge YO-HO, Paracelsusstr. 9, ✆ 879649,

ganzjährig geöffnet, I

🏠 Dependance St. Elisabeth, Plainstr. 83, ✆ 450728, ÖZ: 11. Juli bis 31. Okt.

🏕 Camping Stadtblick, Rauchenbichlerstr. 21, ✆ 50652, Fax 458018, ÖZ: 20. März bis 15. Nov.

🏕 Camping Schloss Aigen, Weberbartlweg 20, ✆ 622079, ÖZ: Mai bis Sept.

🏕 Camping Kasern (Jägerwirt), Carl-Zuckmayer-Str. 26, ✆ 450576, ÖZ: 1. April bis 31. Okt.

🏕 Camping „Nord-Sam", Samstr. 22a, ✆ 660494, ÖZ: 1. April bis 31. Okt.

Eugendorf
PLZ: 5301; Vorwahl: 06225

ℹ️ Tourismusverband, Salzburger Str. 7, ✆ 8424, Fax 7773

H Santner, Alte Wiener Str. 1, ✆ 8214-0, V
Gh Drei Eichen, Kirchbergstr. 1, ✆ 8521, V-VI
Gh Gchirnwirt, Alte Wiener Str. 49, ✆ 8229, V-VI
Gh Schwaighofwirt, Schwaighofenstr. 20, ✆ 06221/7733, IV
Gh Neuhofen, Neuhofenweg 2, ✆ 8392, III
Gh Zur Straß, Salzburger Str. 25, ✆ 8218, III-IV
Gh Holznerwirt, Dorf 4, ✆ 8205, V-VI
Gh Alpenblick, Schwaighofenberg 11, ✆ 8213, III
Gh Dachsteinblick, Bergweg 2, ✆ 8289, IV
Gh Gastagwirt, Alte Wiener Str. 37, ✆ 8231, V
Gh Neuwirt, Dorf 16, ✆ 8207, IV-V
P Schwaighofen, Sonnleitenstr. 3, ✆ 06221/7713, III-V
P Stettenhof, Stettnerstr. 26, ✆ 8314, III-IV
P Wallersee, Kirchenstr. 37, ✆ 8282, IV

P Sonnenhof, Sonnleitenstr. 9, ✆ 06221/7722, III
Pz Aspacher, Salzburger Str. 53, ✆ 7186, I
Pz Kaserer, Kirchenstr. 7, ✆ 8234, II
Pz Haus Kirchberg, Wiener Str. 42, ✆ 8612, II
Pz Leberbauer, Schopperweg 8, ✆ 2119, I-II
Pz Radauer, Dorf 15, ✆ 7646, II
Pz Schäffert, Reitberg 124, ✆ 7125, II
Pz Schmiedbauer, Schwaighofenstr. 15, ✆ 06221/7245, II
Pz Wintersteller, Reitbergstr. 4, ✆ 7744, II
Pz Freundlinger, Reitbergstr. 10, ✆ 8630, II

Seekirchen am Wallersee
PLZ: 5201; Vorwahl: 06212

ℹ️ Tourismusverband, Hauptstr. 2, ✆ 4035
Hg Flachauer Hof, Hauptstr. 50, ✆ 2267, III
Gh Zur Post, Hauptstr. 19, ✆ 2229, IV
Gh Bräu, Anton-Windhagerstr. 2, ✆ 7997, III
Gh Brückenstüberl, Henndorfer Str. 1, ✆ 2398, III
Gh Hirschenwirt, Hauptstr. 54, ✆ 2203, III
Gh Zipfwirt, Seeburgerstr. 2, ✆ 2301, II
Gh Zur Seeburg, Seewalchen 4, ✆ 2385, III
P Mödlhammer, Untermödlham, ✆ 6163, II
🏕 Frauenlob-Priewasser, Strandbad, ✆ 4088, ÖZ: Mai-Sept.
🏕 Strandcamping Zell am Wallersee, ✆ 4080, ÖZ: Mai-Sept.

Thalgau
PLZ: 5303; Vorwahl: 06235

ℹ️ Tourismusverband, Marktplatz 4, ✆ 7350, Fax 6128
H Schwabenwirt, Marktpl. 7, ✆ 7422, III

Gh Santner, Salzburger Str. 10, ✆ 7216, IV
Gh Betenmacher, Unterdorf 1, ✆ 7328, III
P Huber, Ischlerbahnstr. 28, ✆ 6662, III
P Walburga, Vetterbach 37, ✆ 7378, III
P Scherrer, Vetterbach 18, ✆ 7476, II
P Aichriedler, Leithen 16, ✆ 5238, II
Pz Grubinger, Unterdorf 158, ✆ 6175, II

St. Gilgen
PLZ: 5340; Vorwahl: 06227

ℹ️ Tourismusverband, Mozartplatz 1, ✆ 2348, Fax 72679
H Hollweger, Mondsee-Bundesstr. 2, ✆ 2226-0 od. 7956, VI
H Kendler, Kirchenpl. 3, ✆ 2223, V
H Jodlerwirt, Aberseestr. 39, ✆ 2511, V

H Radetzky, Streicherpl. 1, ✆ 2232, V
H Traube, Aberseestr. 4-6, ✆ 2254, IV
Hg Schernthaner, Schwarzenbrunnerstr. 4, ✆ 2402, III
Gh Zur Post, Mozartpl. 8, ✆ 2157, V
Gh Tirol, Aberseestr. 9, ✆ 2317, V
Gh Stern, Mozartpl. 3, ✆ 2249, IV
Gh Bachwirt, Steinklüftstr. 5, ✆ 22324, IV
P Salzkammergut, Helenenstr 19, ✆ 2551, IV
P Wenglhof, Wenglstr. 1, ✆ 2476, IV
P Ferstl, Ischler Str. 1, ✆ 2216, III
P Falkensteiner, Salzburger Str. 11-13, ✆ 2395, III
P Mozartblick, Pöllach 23, ✆ 2403, III
P Bergdoktor, Leopold-Ziller-Str. 6, ✆ 8161-0, II
P Seeblick, Pöllach 29, ✆ 2682, II
Pz Mayerhofer, Salzburger Str. 9b, ✆ 2676, II
Pz Haus Helene, Brunnleitweg 20, ✆ 2310, II
🏕 Camping Birkenstrand, Gschwand 172, ✆ 3208
🏕 Camping Lindenstrand, Gschwand 36, ✆ 3205
🏕 Camping Primusbauer, Gschwand 175, ✆ 3228
🏕 Jugendherberge, Mondseer Str. 7-9, ✆ 2365, I

Mondsee
PLZ: 5310; Vorwahl: 06232

ℹ️ Tourismusverband, Dr.-Müller-Str. 3, ✆ 2270, Fax 4470
H Leitnerbräu, Steinerbachstr. 6, ✆ 6500, VI
H Königshof, Am See 28, ✆ 5627, VI
H Krone, Rainerstr. 1, ✆ 2236, IV
Hg Stabauer, Salzburger Str. 2, ✆ 2285, III
Gh Rössl-Stubn, Rainerstr. 32, ✆ 2235, IV
Gh Schlössl, Herzog-Odilo-Str. 92, ✆ 2390, IV

Gh Blaue Traube, Marktpl. 1, ☎ 2237, II
Gh Grüner Baum, Herzog-Odilo-Str. 39, ☎ 2314, II
Gh Zur grünen Eiche, Keuschen 53, ☎ 2130, II
Gh Drachenwand, St. Lorenz 32, ☎ 3356, III
Gh Weisse Taube, St. Lorenz 116, ☎ 2277, III
P Hemetsberger, Seebadstr. 1, ☎ 4934, III
P Göschlberger, Rainerstr. 58, ☎ 2218, III
P Meingast, Bader-Göbl-Str. 2, ☎ 2427, III
P Hochkreuz, Herzog-Odilo-Str. 63, ☎ 2614, II
P Ellerhof, St. Lorenz 4, ☎ 4931, II
P Hildegard, St. Lorenz 268, ☎ 3006, I
🏠 Jugendherberge, Krankenhausstr. 9, ☎ 2418, I
🅰 Austria Camp, St. Lorenz, ☎ 2927, ÖZ: 1. 5. - 30. 9.

Henndorf
PLZ: 5302; Vorwahl: 06214

🅸 Tourismusverband, Hauptstr. 65, ☎ 6011
Gh Gersbachwirt, Wiener Str. 51, ☎ 8372, IV-V
P Brieger, Wiener Str. 60-62, ☎ 8373, IV-V
P Schroffnergut, Wankham 6, ☎ 6005
P Günther, Egon-Kornauth-Weg 4, ☎ 8447
P Stöllinger, Hauptstr. 99, ☎ 6120
P Zum Imker, Gartenstr. 8, ☎ 6479
Pz Juranka, Hankham 17, ☎ 8565
Pz Pohl, Roland-Fuß-Weg 7, ☎ 6831
Pz Schwaiger, Fenning 127, ☎ 7561
Pz Kressnigg, Westhöhenstr. 4, ☎ 20229
Pz Krug-Wieder, Enzing 22, ☎ 8520
Pz Höller, Schoarerbergstr. 43, ☎ 8482
Bh Hofbauer, Fenning 16, ☎ 7331
Bh Großsulzberg, Hof 13, ☎ 7442
Bh Joglbauer, Hof 22, ☎ 6884
Bh Streimling, Fenning 24, ☎ 8512
Bh Mühlholzbauer, Mühlholzbauerweg 22, ☎ 7419
🅰 Fenninger Spitz, Fenningerspitz, ☎ 8443

Neumarkt am Wallersee
PLZ: 5202; Vorwahl: 06216
🅸 Tourismusverband, Hauptstr. 30, ☎ 6907, Fax 7324
H Winkler, Thalham 12, ☎ 5270, III
Gh Krone, Hauptstr. 14, ☎ 5224, II
Gh Lerchenfeld, Lerchenfelderstr. 17, ☎ 4530, II
Gh Eggerberg, Neufahrn 22, ☎ 6711, II
Gh Lauterbacher, Schalkham 67, ☎ 4456, II
P Herzog, Maierhofstr. 19, ☎ 4519, I
🅰 Seecamp, Uferstr. 3, ☎ 4400, ÖZ: 1. 5. - 31. 10.

Oberhofen am Irrsee
PLZ: 4894; Vorwahl: 06213
🅸 Tourismusverband, Nr. 12, ☎ 8273
Gh Fischhof, Fischhof 30, ☎ 8202, II
P Lettner, Fischhof 9, ☎ 8316, II
P Bahn, Laiter 51, ☎ 8264, II
P Fischinger, Rabenschwand 31, ☎ 8360, II
P Krempler, Gegend 2, ☎ 7161, II
🅰 Moosmühle, Laiter 18, ☎ 8389

Strasswalchen
PLZ: 5204; Vorwahl: 06215
🅸 Tourismusverband, Salzburger Str. 26, ☎ 6420, Fax 5455
Gh Gugg, Marktpl. 1, ☎ 8206, III
Gh Post, Marktpl. 9, ☎ 8207, III
Gh Weichenberger, Braunauer Str. 5, ☎ 8238, III
Gh Schinwald, Irrsdorf 1, ☎ 6034, II
Gh Fischwenger, Irrsdorf 6, ☎ 6037, II
Gh Ederbauer, Voglhub 2, ☎ 8380, II
Gh Badinger, Hüttenedt 1, ☎ 06213/8557, I, 🚲
P Reisinger, Hüttenedt 48, ☎ 06213/7106, I
Pz Muckenhammer, Hochfeld 49, ☎ 06213/8513, I

Köstendorf
PLZ: 5203; Vorwahl: 06216
🅸 Tourismusverband, Nr. 54, ☎ 7688, Fax 7688-4
P Freizeitcenter Köstendorf, Köstendorfer Landstr., ☎ 7688, III
Pz Prossinger, Ortszentrum, ☎ 6286, I, 🚲

Schleedorf „Schaudorf"
PLZ: 5205; Vorwahl: 06216

Gh Hofwirt, Dorf 5, ☎ 6572
Gh Kollerwirt, Dorf 71, ☎ 657
Pz Költringer, Mölkham 7, ☎ 06217/6359
Pz Altmann, Engerreich 2, ☎ 06217/5447
Pz Kronberger, Moos 3, ☎ 6637, I
Pz Gruber, Moos 22, ☎ 5142, I
Pz Thalmayer, Dorf 3, ☎ 6565
Bh Reisinghof, Reisach 2, ☎ 6195, I

Mattsee
PLZ: 5163; Vorwahl: 06217
🅸 Tourismusverband Mattsee, ☎ 6080
H Seewirt, Seestr. 4, ☎ 5455 od. 5271, VI
H Schloss Bräu, Mattsee 4, ☎ 5205, V
Gh Kapitelwirt, Marktplatz 7, ☎ 5203, IV
Gh Fürst, Aug. 01, ☎ 5400, III
Gh Mitterhof, Mitterhof 4, ☎ 5570
Gh Moorbad, Moorbad 1, ☎ 5238, III
P Altendorfer, Münsterholzstr. 66, ☎ 6028
P Baumgartlinger, Burghard Breitnerweg 11, ☎ 7601
P Kranzinger, Anzing 1, ☎ 5527, III
P Strasser, Münsterholzstr. 24, ☎ 5406, III
P Wagner, Weyer 4, ☎ 20207, III
P Wartstein, Burghard Breitnerweg 9, ☎ 7079, II
Pz Strasser, Wolf Dietrichweg 14, ☎ 5321, III
Pz Anzinger, Seewinkel 11, ☎ 5125, II
Pz Lindner, Diabelliweg 6, ☎ 7076, II
Pz Witzmann, Wolf Dietrichweg 11, ☎ 5380, II
Pz Strasser, Wolf Dietrichweg 3, ☎ 5585, I
Pz Feichtner, Fisching 5, ☎ 5445

Perwang am Grabensee
PLZ: 5163; Vorwahl: 06217
ℹ Tourismusverband, Nr. 4, ☎ 8247, Fax 8247-15
Gh Schachner-Neuwirt, Nr. 6, ☎ 8266, III
Pz Schäffer, Nr. 96, ☎ 8503, II
Pz Villa Gaudii, Nr. 94, ☎ 8847, II
Pz Weitgasser, Nr. 102, ☎ 8359, II
Pz Renzl, Nr. 61, ☎ 8277, II, ⚑
Pz Hofer, Nr. 57, ☎ 8296, II, ⚑
🏕 Camping Perwang, Grabensee 4, ☎ 8288, 8247

Seeham
PLZ: 5164; Vorwahl: 06217
ℹ Tourismusverband, Nr. 22, ☎ 6080 od. 5493
H Walkner, Eisenharting 4, ☎ 5550, V
H Altwirt, Seeham 1, ☎ 6120, V
H Sporthof Wimmer, Seeham 229, ☎ 7297, IV
Gh Entenwirt, Hauptstr. 61, ☎ 7110, IV
Gh Schießentobelhof, Matzing 19, ☎ 5386, III
Gh Grabensee, Seeham 201, ☎ 5384, II
P Seppenbauer, Seeham 32, ☎ 7303, II
P Fiakerhof, Seeham 19, ☎ 5439, II
P Stiedlbauerhof, Dürnbergerstr. 26, ☎ 5303, II
P Oitner, Seeham 79, ☎ 5589, I
Pz Dreiseenblick, Dürnbergerstr. 163, ☎ 5297, I
🏕 Camping Wimmer, ☎ 7297

Obertrum
PLZ: 5162; Vorwahl: 06219
ℹ Tourismusverband, Mattigplatz 1, ☎ 6307 20474
Gh Neumayr, Dorfpl. 8, ☎ 6302, III
Gh Schmiedkeller, Kothgumprechting 27, ☎ 6564, II

P Fischerhof, Seestr. 15, ☎ 6358, II
P Rotschernhof, Rotschernweg 2, ☎ 7670, II
Pz Anglberger, Rotschernweg 1, ☎ 8214, I
Pz Grabner, Seestr. 16, ☎ 6263
🏕 Strandcamping, Seestr. 16, ☎ 6442, 6263

Anthering
PLZ: 5102; Vorwahl: 06223
ℹ Tourismusverband, Salzburger Str. 6, ☎ 2279, Fax 2279
H Ammerhauser, Dorfstr. 1, ☎ 2204, V
H Hammerschmiede, Acharting 22, ☎ 2503, V
Pz Vogl, Dorfpl.

Eugendorf
PLZ: 5301; Vorwahl: 06225
ℹ Tourismusverband, Salzburger Str. 9, ☎ 8424, Fax

7773
Gh Gschirnwirt, Alte Wienerstr. 49, ☎ 8229, V
Gh Neuwirt, Dorf 16, ☎ 8207, IV
Pz Hiesel, Wasserfeldstr. 26, ☎ 2869, II
Pz Spitzauer, Bergstr. 11, ☎ 2332, II

Oberndorf
PLZ: 5110; Vorwahl: 06272
ℹ Tourismusverband, Stille-Nacht-Platz 2, ☎ 4422, Fax 4422-4
Gh Salzachhof, Brückenstr. 14, ☎ 4246, II
Gh Bauerenbräu, Salzburger Str. 149, ☎ 5422, II
Pz Permoser, Tettenbachstr. 3, ☎ 7509, II
Pz Schweiger, Ziegeleistr. 12, ☎ 4369, II
Pz Wagner, Ziegeleistr. 9, ☎ 7597, I

St. Pantaleon
PLZ: 5120; Vorwahl: 06277
ℹ Tourismusverband, Gemeindeamt, ☎ 213-0, Fax 519
P Maria, Seestüberl, Seeleithen 21, ☎ 6688, II
P Großruck, Weyer 5, ☎ 6296, I
Pz Anthaner, Haigermoos 5, ☎ 8129, I

Laufen (D)
PLZ: 83410; Vorwahl: 08682
ℹ Verkehrsverband Abtsdorfer See, Im Schlossrondell 2, ☎ 1810 (Zimmervermittlung)
P Gästehaus Probst, Teisendorfer Str. 17, ☎ 1374, II
🏕 Camping, beim Strandbad Abtsdorfer See, 5 km außerhalb von Laufen, südl. von Leobendorf, ☎ 89870

Bergheim
PLZ: 5101; Vorwahl: 0662

Gh Bräuwirt, Lengfelden 21, ☎ 452163

Teisendorf

PLZ: 83317; Vorwahl: 08666

🄸 Tourismusbüro, Poststr. 14, ☎ 295

H Tiefenthaler Hof, Patting, Tiefenthal 16, ☎ 331

H Huberhof, Punschern 30, ☎ 1522

H Kolping, Dechantshof 3, ☎ 98590, IV-V

H Seidl, Holzhausen 2, ☎ 8010, V-VI

Gh Reiter, Achthal, ☎ 981328 🚲

Gh Mesnerwirt, Kirchplatz 1, Neukirchen, ☎ 7477

Gh Zur Post, Dorfstr. 20, Neukirchen, ☎ 564

Gh Schneck, Pfarrhofweg 20, Neukirchen, ☎ 356

Gh Ufering, Ufering 14, ☎ 220, II

Pz Groferbauer, Gumperting 21, ☎ 524, I

Pz Helmingerhof, Hof 2, ☎ 8328, I ⦻

Gasthof ***
Bräuwirt

RADTOUREN
IN ÖSTERREICH
MITGLIEDSBETRIEB

A-5101 Bergheim, Lengfelden 21

Tel. (0) 662/452163

Fax 452163-53

E-Mail: gasthof@braeuwirt.at

www.braeuwirt.at

Pz Eder-Hof, Oed 4, ☎ 1020, I ⦻

Pz Weberhof, Schnaitt 3, ☎ 1229, I ⦻

Reit im Winkl

PLZ: 83237; Vorwahl: 08640

🄸 Tourist-Information, Rathausplatz 1, ☎ 800-20 od.
    ☎ 800-21

H Unterwirt, Kirchplatz 4, ☎ 8010, VI

H Posthotel, Kirchplatz 7, ☎ 9870, V

H Zum Postillion, Dorfstr. 32-34, ☎ 98240, IV-VI

H Bichlhof, Tiroler/Alte Grenzstr. 1-3, ☎ 98250, III-V

H Am Hauchen, Am Hauchen 5-7, ☎ 8774, IV-V

H Edelweiß, Am Grünbühel 1, ☎ 98890, III-V

H Sonnwinkl, Kaiserweg 12, ☎ 98470, III-V

H Theresenhof, Hausbachweg 3, ☎ 8514, III-IV

Hg Lenzenhof, Am Kirchplatz 8, ☎ 493, III-V

Hg Weißes Rößl, Dorfstr. 19, ☎ 98230, III-V

Hg Kaindl, Schwimmbadstr. 2-4, ☎ 98260, III-IV

Hg Sonnh's Ferienresidenz, Gartenstr. 3, ☎ 98800, IV-VI

Gh Zum Eichhof, Dorfstr. 37, ☎ 98440, III-V

P Angerer, Birnbacher Str. 1, ☎ 5011, III

P Alpenrose, Walmbergstr. 11, ☎ 98450, III-IV

P Am Kurparkweg, Dorfstr. 1, ☎ 8466, II-IV

P Lengg, Dorfstr. 5, ☎ 8507, II

P Pretzner, Dorfstr. 4, ☎ 97690, III

P Beim Rottmeister, Weitseestr. 20, ☎ 8650, II-III

P Sonnenhang, Birkenweg 2, ☎ 1387, II-III

Pz Vicktor, Hausbergstr. 18, ☎ 8513, II

Pz Haus Bergblick, Gartenstr. 5, %$ 8322, I-II

Pz Haus Eva-Maria, Kaiserweg 8, ☎ 8118, II

Pz Haus Hauck, Alte Grenzstr. 7, ☎ 8624, II

Pz Haus Katharina, Weitseestr. 34, ☎ 8753, II-III

OT Großenbach

🄰 Campingplatz, ☎ 98210

Schönram

PLZ: 83367; Vorwahl: 08686

Gh Bräustüberl Schönram, Salzburger Str. 10, ☎ 271, III

Pz Dürnberger, Salzburger Str. 38, ☎ 505, I ⦻

Pz Gruber, Salzburger Str. 2, ☎ 529, I ⦻

Pz Prechtl, Salzburger Str. 3, ☎ 282, I ⦻

Pz Roider, Salzburger Str. 21, ☎ 242, I ⦻

Petting

PLZ: 83367; Vorwahl: 08686

🄸 Tourist-Information, Hauptstr. 13, ☎ 200

Gh Götzinger, Seestr. 43, ☎ 8010, I-II

Gh Seehaus, Seehaus 3, ☎ 98810, III 🚲

Pz Riedl, Kirchfeldstr. 15, ☎ 224, I ⦻

Pz Schmid, Kirchfeldstr. 7, ☎ 8570, I ⦻

Pz Treitl, Hauptstr. 46, ☎ 234, I ⦻

Kühnhausen

PLZ: 83367; Vorwahl: 08685

Pz Daur, Am Hang 2, ☎ 1582, I ⦻

Pz Lucksch, Am Hang 1, ☎ 506, I ⦻

Tettenhausen

PLZ: 83329; Vorwahl: 08681

🄰 Campingplatz, am Strandbad, ☎ 1622 od. ☎ 313

Waging am See

PLZ: 83329; Vorwahl: 08681

🄸 Tourist-Info, Salzburger Str. 32, ☎ 313

H Wölkhammer, Haslacher Weg 3, ☎ 4080, IV-VI

H Zum Unterwirt, Seestr. 23, ☎ 69330, III-V

H Zur Post, Seestr. 1, ☎ 210, IV

Gh Schmid, Wiesenweg 6, ☎ 4917, II

Gh Tanner, Hochfellnerstr. 17, ☎ 9219, II

P Tannenheim, Gaisbergstr. 14, ☎ 312, II

Pz Busch, Gaisbergstr. 4, ☎ 9892, I ⦻

Pz Göstl, Adalbert-Stifter-Str. 28, ☎ 9671, II

Pz Mühlbacher, Traunsteiner Str. 7, ☎ 1235, II ⦻

🄰 Strandcamping, Am See 1, ☎ 552 🚲

Chieming

PLZ: D-83339; Vorwahl: 08664

🄸 Tourist-Information Chieming, ☎ 9886-47

Gh Unterwirt, Hauptstr. 32, ☎ 98460, II-IV

Gh Goriwirt, Truchtlachingerstr. 1, Egerer, ☎ 98430, III

P Haus Gerti, Mühlenweg 1, ☎ 467, II-III

P Strudelmichel, Irmingardstr. 4, ☎ 985956, II-III

P Förster, Christelmal 8, ☎ 426, II

Pz Putz, Stötthamer Str. 12, ☎ 295, I-II

🄰 Möwenplatz-Chieming, Grabenstätterstr. 3, ☎ 361

🄰 Kupferschmiede, Arlaching, ☎ 08667/446

🄰 Seehäusl, Stötthamer, ☎ 303

Seebruck

PLZ: 83358; Vorwahl: 08667

🄸 Verkehrsamt Seebruck, ☎ 7139

H Post, Ludwig-Thoma-Str. 8, ☎ 8870, V

H Wassermann, Ludwig-Thoma-Str. 1, ☎ 8710, V-VI 🚲

P Seeblick, Traunsteiner Str. 55, ☎ 208, IV

Gh Cafe Kaltner, Traunsteiner Str. 4, ☎ 88820, IV-V

Gh Gartner, Ludwigstr. 3, ☎ 327, III-V

Pz Haus Josefine, Rosenheimer Str. 12, ☎ 7195, II

Pz Haus Schönbrunner, Lärchenweg 5, ☎ 7373, II

Pz Regnauer, Rosenheimer Str. 2, ✆ 7884, II ✉

Pz Daxenberger, Lärchenweg 3, ✆ 344, II

🏕 Lambach, ✆ 7889

Truchtlaching

PLZ: 83376; Vorwahl: 08667

P Barbara, Brunnäckerstr. 1, ✆ 969, IV 🚲

Seeon

PLZ: 83370; Vorwahl: 08624

🛈 Kultur- und Bildungszentrum, Klosterweg 1, ✆ 8970

Hg Haus Rufinus, Klosterweg 31, ✆ 875940, V

Gh Leos Herzogstuben, Klosterweg 15, ✆ 87810, IV

P Neuwirt, Altenmarkter Str. 19, ✆ 2504, III

Gh Café Helga, Weinbergstr. 56, ✆ 8969811, IV-V

Pz Fiedler, Weinbergstr. 18, ✆ 1298, II

Amerang

PLZ: 83123; Vorwahl: 08075

🛈 Gemeindeamt, Bahnhofstr. 3, ✆ 91970

H Zum Steinbauer, Forellenweg 9, ✆ 211, IV 🚲

P Purzelbaum, Wasserburger Str. 17, ✆ 236

Söll

PLZ: 6306; Vorwahl: 05333

🛈 Gemeindeamt, Dorf 84, ✆ 52100

H Postwirt, Dorf 83, ✆ 5081,

Breitbrunn am Chiemsee

PLZ: 83254; Vorwahl: 08054

🛈 Tourist-Info, Gollenhausener Str. 1, ✆ 234

Gh Beim Oberleitner, Seestr. 24, ✆ 396, III

Gh Zum Toni, Eggstätter Str. 11, ✆ 648

P Gradlhof, Badstr. 2, ✆ 218, III-IV

P Danglhof, Badstr. 3, ✆ 7107

P Jell Cilla, Seestr. 43, ✆ 383

P Wagnerhof, Anni Jell, Seestr. 31, ✆ 202

P Wagnerhof, Brigitte Jell, Seestr. 31, ✆ 90380

Pz Seiderer, Rimstinger Str. 25, ✆ 7499, II

Pz Schuster Gerdi, Hechlstr. 10, ✆ 466

Pz Wimmer Georg, Seestr. 10, ✆ 668

Bh Frank Juliane, Rimstinger Str. 6, ✆ 676

Eggstätt

PLZ: 83125; Vorwahl: 08056

🛈 Tourist-Info, Obinger Str. 7, ✆ 1500

H Linde, Prliener Str. 42, ✆ 90559-0, I-V

P Unterwirt, Kirchplatz 8, ✆ 337, III

Pz Lindner, Ahornstr. 8, ✆ 669, I-II ✉

Pz Vetter, Eichenstr. 3, ✆ 1759, I-II

OT Oberndorf

Pz Fischer, Oberndorf 12, ✆ 558, I-II

OT Oberulsham

Gh Zum Sägwirt, Oberulsham 5, ✆ 346, II-III

Prien am Chiemsee

PLZ: D-83209; Vorwahl: 08051

🛈 Kurverwaltung, Alte Rathausstr. 11, ✆ 69050

H Bayerischer Hof, Bernauer Str. 3, ✆ 6030, V

H Zum Fischer am See, Harrasser Str. 145, ✆ 90760, IV-V

H Möwe, Seestr. 111, ✆ 5004, III-IV

H Westernacher, Seestr. 115, ✆ 4722, III

P Haus Drexler, Seestr. 95, ✆ 4802, III

P Haus Scholze, Seestr. 52-54, ✆ 2687, II

P Händelmayer, Rafenauerweg 7, ✆ 2823, II

P Hasholzner, Dickertsmühlstr. 3, ✆ 2733, I-II

🏠 Jugendherberge, Carl-Braun-Str. 46, ✆ 68770

🏕 Campingplatz Hofbauer, Bernauer Str. 110, ✆4136

OT Harras:

🏕 Campingplatz Harras, ✆ 90460 🚲

Rimsting

PLZ: D-83253; Vorwahl: 08051

🛈 Verkehrsamt, Schulstr. 4, ✆ 4461 od. 687621

H Zur Sonne, Endorfer Str. 27, ✆ 2053, II

P Westfalenhof, Priener Str. 8, ✆ 91900, II

P Hasenhof, Endorfer Str. 1, ✆ 2322 II

OT Schafwaschen:

Gh Seehof, Schafwaschen 4, ✆ 1697, II-III

Stephanskirchen

PLZ: D-83071; Vorwahl: 08036

🛈 Verkehrsverein, ✆ 615

P Weinbergnest, Weinbergstr. 15, ✆ 2559, IV

Bh Hamberger, Fussenweg 61, ✆ 9482, II

Bh Forstner, Badzaunstr. 10, ✆ 7910, I-II

Bh Lechner, Baierbacher, ✆ 4827 II

Fw Schmiedmoarhof, Simsseestr. 369, ✆ 7853, II

Wasserburg am Inn

PLZ: D-83512; Vorwahl: 08071

🛈 Verkehrsbüro, Salzsenderzeile, Rathaus, ✆ 10522

H Fletzinger, Fletzingerg. 1, ✆ 90890, V 🚲

H Paulaner-Stuben, Marienpl. 9, ✆ 3903, II-III

H Pichlmayr, Burgau Nord, Anton-Woger-Str. 2-4, ✆ 40021, IV-V

Gh Huberwirt, Salzburger Str. 25, ✆ 7433, IV-V

P Staudham, Münchner Str. 30, ✆ 7435, VI

Pz Pfeiffer, Schloss Weikertsham, ✆ 51338, IV-V

Pz Schütt, Heilingbrunnerstr. 19, ✆ 4420, II

Griesstätt

PLZ: 83556; Vorwahl: 08039

H Abaton, Laiming 12, ✆ 909880, V

P Jagerwirt, Wasserburger Str. 7, ✆ 3782, III

Nußdorf am Inn

PLZ: D-83131; Vorwahl: 08034

🛈 Verkehrsamt, Brannenburgerstr. 10, ✆ 907920

Gh Ring-Stüberl, Am Ring 1, ✆ 7573, II-III

Gh Schneiderwirt, Hauptstr. 8, ✆ 4527, III

P Sonne, Hochriesweg 7, ✆ 3030, III

P Staber, Mühltalweg 22, ✆ 2335, IV

P Ueffing, Bugscheinw. 3, ✆ 8531, III-V

Pz Auer, Hochriesweg 17, ✆ 8841, I

Pz Schweinsteiger, Kranzhornweg 5, ✆ 7283,II

Bh Zacherlhof, Hauptstr. 16, ✆ 708835, II

Bh Brandstetter Hof, Pfarrhofweg 4, ✆ 2603, II

Vogtareuth

PLZ: D-83569; Vorwahl: 08038

Gh Vogtareuther Hof, Krankenhausstr. 3, ✆ 258, II

P Maria Sewald, Bergstr. 4, ✆ 206, I-II

Pz Berghammer, Hofstätt 3, ✆ 08031/71945

Pz Elisabeth Huber, Wasserburger Str. 5, ✆ 396, I

Pz Dutz, Sonnenstr. 8, ✆ 452

Pz Kaffl, Farmach 1, ✆ 403

Rott am Inn

PLZ: D-83543; Vorwahl: 08039

🛈 Gemeindeverwaltung Rott am Inn, Kaiserhof 3, ✆ 9068-0

Gh Zur Post, Marktpl. 5, ✆ 1225, II

Gh Am Kirchplatz, Marktpl. 2, ✆ 1222, II

Gh Lengdorfer Hof, Lengdorf 30, ☎ 409602, II

Schechen
PLZ: D-83135; Vorwahl: 08039
ℹ️ Gemeindeverwaltung Schechen, Rosenheimer Str. 13,
☎ 90670
Gh Egger-Stüberl, Rosenheimerstr. 17, ☎ 90390, III
⛺ Campingplatz am Erlensee, ☎ 2935

OT Marienberg:
Gh Mesnerwirt, Marienberg 4, ☎ 08031/28480, IV-VI

Rosenheim
PLZ: 83022; Vorwahl: 08031
ℹ️ Touristinfo, Stollstr. 1/Ticketcenter, Postadresse: Kuf-
steiner Str. 4, ☎ 3659061
H Alpenhotel Wendelstein, Bahnhofstr. 4-6, ☎ 33023
Gh Hammerwirt, Kufsteiner Str. 29, ☎ 235451
Gh Kastenauer Hof, Birkenweg 20, ☎ 62158, II-III
Gh Flötzinger Bräu, Kaiserstr. 5, ☎ 31714, IV
PLZ: 83024
Gh Höhensteiger, Westerndorfer Str. 101, ☎ 86667, II-III
PLZ: 83026
H Fortuna, Hochplattenstr. 42, ☎ 616363, V
Gh Happinger Hof, Happinger Str. 23, ☎ 616970, II
P Hubertus, Seestr. 49, ☎ 66236, II-IV 🚲

Neubeuern
PLZ: D-83115; Vorwahl: 08035
ℹ️ Verkehrsamt, Marktpl. 4, ☎ 2165.
H Burghotel, Marktpl. 23, ☎ 2456, III-IV
H Hofwirt, Marktpl. 5, ☎ 2340, III
Pz Stelzer, Färberstr. 2 a, ☎ 4775

Niederndorf
PLZ: A-6342; Vorwahl: 05373
ℹ️ Tourismusverband, Nr. 32, ☎ 61377
Gh Tiroler Hof, Nr. 209 beim Zollamt, ☎ 61213, II
Gh Kuhstall, Nr. 92, ☎ 61287, I-II
Gh Stadler, Nr. 63, ☎ 61323, II
P Schwaiger, Nr. 64, ☎ 61403, I
P Thrainer, Nr. 98, ☎ 61506, I
Pz Achorner, Nr. 58 b, ☎ 61050
Pz Holl, Nr. 281, ☎ 61720

Kufstein
PLZ: A-6330; Vorwahl: 05372
ℹ️ Tourismusverband, Münchner Str. 2, ☎ 62207.
H Andreas Hofer, Georg-Pirmoserstr. 8, ☎ 6980, V

Hotel Zum Bären ★★★★

A-6330 Kufstein
Salurner Straße 36
Familie Mauracher
Tel. (0)5372/62229, Fax 636894
E-Mail: kufstein@hotelbaeren.at
www.hotelbaeren.at

H Auracher Löchl, Römerhofg. 3-5, ☎ 62138, IV
H Kufsteiner Hof, Franz-Josefs-Pl. 1, ☎ 71030, IV
H Lanthalerhof, Schopperweg 28, ☎ 64105, III
H Sporthotel, Feldg. 35, ☎ 64732, IV
H Zipferkeller, Marktg. 14a, ☎ 62396, III
H Gisela, Bahnhofpl. 4, ☎ 64520, II
Gh Stimmersee, Stimmersee, ☎ 62756, II
Gh Kirchenwirt, Zeller Str. 17, ☎ 62512, I-II
P Haus Maier, Mitterndorfer Str. 13, ☎ 62260, II
P Ganderhof, Weißachstr. 41, ☎ 62432, II
P München, Inng. 14, ☎ 64775, III
⛺ Beim Hotel „Zum Bären", Salurner Str. 36,
☎ 62229, Mai-Ende Sept.

Walchsee
PLZ: 6344; Vorwahl: 05374
ℹ️ Tourist-Information, Dorfplatz 10, ☎ 52230
⛺ Seespitz, Seespitz 1, ☎ 5359
⛺ Ferienpark Süd-See, ☎ 5339
⛺ Seemühle, Am See 3, ☎ 5458

Waidach
PLZ: 6345; Vorwahl: 05375
H Waidachhof, Waidach 22, ☎ 6415, IV-V

Kössen
PLZ: 6345; Vorwahl: 05375
ℹ️ Tourismusverband Kössen-Schwendt, Infobüro, Dorf 15,
☎ 6287
H Post, Dorf 43, ☎ 29490, V

Gh Dorfstadl, Dorf 22, ☎ 6504, III
P Landegger, Feldweg 7, ☎ 6528, II-III
P Rottenspacher, Leitweg 9, ☎ 6425, III
P Radetzky, Hüttfeldstr. 14, ☎ 6263, II-III
P Brunner, Postweg 13, ☎ 6466, II-III
P Haus Central, Dorf 38, ☎ 6322, II-III
P Gieringer, Schwimmbadweg 6, ☎ 6397, II
P Marianne, Dorf 18, ☎ 6284, III
P Alpengruß, Feldweg 9, ☎ 2236, II
P Haus Sonnleit, Leitweg 29, ☎ 6434, II
P Hosp, Hüttfeldstr. 6, ☎ 6336, III
Pz Ambrusch, Steinbruchweg 4, ☎ 6364, II
Pz Foidl, Moserbergweg 33, ☎ 6573, II
Pz Gruber, Erlaustr. 41, ☎ 6188, II
Pz Bichler, Moserbergweg 16, ☎ 6531, I
Pz Kitzbichler, Alleestr. 67, ☎ 6327, II
Pz Lechthaler, Schwendterstr. 4, ☎ 6386, I
Pz Haus Montana, Kindergartenweg 6, ☎ 6454, II
Pz Scharnagl, Lendgasse 12, ☎ 6265, II
Pz Schermer, Alleestr. 26, ☎ 6274, II
Pz Schwaiger, Wiesenweg 19, ☎ 6631, II
Pz Singer, Feldweg 16, ☎ 6145, II
Pz Steinlechner, Hüttfeldstr. 21, ☎ 2603, II

Niederachen
PLZ: 6345; Vorwahl: 05375
P Aigner, Niederachen 18, ☎ 6383, II

Kirchdorf i. Tirol
PLZ: 6382; Vorwahl: 05352
ℹ️ Tourismusverband, Litzlfeldner Str. 2, ☎ 6933
H Annahof, Innsbruckerstr. 59, ☎ 63155

H Seiwald, ☎ 3156

Waidring
PLZ: 6384; Vorwahl: 05353
🄸 Tourismusverband Waidring, Dorfstr. 12, ☎ 5242
H Waidringerhof, Dorfstr. 16, ☎ 5228, VI
Gh Waldstüberl, Schredergasse 8, ☎ 52011, III
P Chalet Tirol, Sonnwendstr. 19, ☎ 5942, II-III

Lofer
PLZ: 5090; Vorwahl: 06588
🄸 Fremdenverkehrsverband, Lofer 310, ☎ 83210
H St. Hubertus, Lofer 180, ☎ 8266, IV-VI
H Das Bräu, Brüggler & Rainer, Lofer 28, ☎ 82070, V
H Lintner, Lofer 59, ☎ 8240, III-V
H Salzburger Hof, Lofer 128, ☎ 8333, III-V
H Dax, Lofer 250, ☎ 8339, IV-VI
Gh Neuwirt, Lofer 177, ☎ 8315, III
Gh Forellenstube, Lofer 7, ☎ 8377, III
Gh Landhaus Eva-Marie, Lofer 132, ☎ 8232, III-V
Gh Antonia, Au 26, ☎ 8604, II-III
Gh Sonnenhof, Lofer 241, ☎ 8354, II-IV
P Färberhaus, Lofer 10, ☎ 8258, II
P Herta, Lofer 158, ☎ 7214, II-III
P Bräuschmied, Lofer 147, ☎ 8647, III
P Egger, Lofer 16, ☎ 8205, II-III
P Mühlpointhof, Lofer 38, ☎ 82420, III-V
P Haus Bartlmä, Lofer 6, ☎ 8566, II
P Dankl, Lofer 207, ☎ 8625, II
P Alpengruß, Scheffsnoth 80+91, ☎ 8402, II
P Flatscherbauer, Scheffsnoth 5, ☎ 8686, II
P Tannenhof, Lofer 213, ☎ 8332, II-III

P Alpenheim, Lofer 259, ☎ 8300, II
P Edergut, Lofer 113, ☎ 8378, II
P Posthof, Lofer 133, ☎ 8325, II
P Tiefenthaler, Lofer 30, ☎ 8269, II
P Haus Leo (Vegetarier-Pension), Gumping 11, ☎ 7065, III
   (Nichtraucher)
Pz Auer, Lofer 39, ☎ 8313, II
Pz Berger, Scheffsnoth 84, ☎ 8666, II
Pz Einwaller, Lofer 12, ☎ 8273, II
Pz Faistauer, Lofer 178, ☎ 8220, II-III
Pz Hinterseer, Scheffsnoth 3, ☎ 8401, II
Pz Tiefenthaler, Lofer 30, ☎ 8269, II
Pz Ebser, Lofer 284, ☎ 7207, II
Pz Kofler, Lofer 257, ☎ 8500, II
Pz Költringer, Lofer 252, ☎ 8429, II
Pz Patricia, Lofer 264, ☎ 8343, II
Pz Schweinöster, Au 39, ☎ 7487 od. 8604, II

Unken
PLZ: 5091; Vorwahl: 06589
🄸 Fremdenverkehrsverband, Niederland 158 ☎ 4245
Gh Schütterbad, ☎ 4296, IV-V
Gh „Zu den drei Brüdern", Reith 11, ☎ 4522, III-V
Gh Dietrichshorn, ☎ 4348, I-II
Gh Post, ☎ 42260, III-IV
Gh Kirchenwirt, Niederland 3, ☎ 4204, III
Gh Friedlwirt, Gföll 28, ☎ 4265, II-III
Gh Heutaler Hof, Gföll 220, ☎ 8220, IV-V
Gh Wimmer, Unken 94, ☎ 4367, III-IV
Gh Heutal, Gföll 91, ☎ 8216, III-IV
Gh Hinterföll, Gföll 135, ☎ 8224, II-III

P Helga, Gföll 212, ☎ 4591, II
P Marianne, Niederland 96, ☎ 4289, I-II
P Jury, ☎ 4307, I-II
P Ensinger, Niederland 174, ☎ 4298, III-IV
P Dorfcafe, Niederland 255, ☎ 7156, III-IV
P Wildschütz, Unken 101, ☎ 4505, II-III
P Pfeiffer, Unken 28, ☎ 4307, II
Pz Seidl, Niederland 44, ☎ 4353
Pz Wimmer, Reit 12, ☎ 4533
Pz Eder, Niederland 121, ☎ 4626, II
Pz Haus Elisabeth, Niederland 168, ☎ 4227, II
Pz Fernsebner, Niederland 60, ☎ 4219, II
Bh Neuhauserbauer, Niederland 34, ☎ 4603, II
Bh Eggerbauer, Niederland 1, ☎ 4379
Bh Ennsmannbauer, Niederland 10, ☎ 4327
Bh Pichlerhof, Niederland 13, ☎ 4221
🄰 Camping „Werferbauer", Fam. Möschl, ☎ 4466

Weißbach
PLZ: 5093; Vorwahl: 06582
🄸 Gemeindeamt, Unterweißbach 36, ☎ 8352
Gh Auvogel, Oberweißbach 9, ☎ 8238, II
P Seisenbergklamm, Unterweißbach 4, ☎ 8348, III
P Alpenblick, Unterweißbach 33, ☎ 8212, II
PPz Auer, Oberweißbach 8, ☎ 8398, II
Pz Haitzmann, Oberweißbach 7, ☎ 8397, II
Pz Hohenwarter, Unterweißbach 39, ☎ 8374, II ⌨
Pz Oberbarleitner, Unterweißbach 22, ☎ 8395, I ⌨
Pz Schider, Oberweißbach 30, ☎ 8317, II
Pz Wallner, Unterweißbach 38, ☎ 8307, II

OT Hintertal

P Lohfeyer, Hintertal 25, ☎ 8355, IV

OT Frohnwies
P Frohnwies, Frohnwies 3, ☎ 8231, IV

Bad Reichenhall
PLZ: 83435; Vorwahl: 08651
🄸 Kur- und Verkehrsverein e.V., Wittelsbacher Str. 15,
   ☎ 606303
H Alpina, Adolf-Schmid-Str. 5, ☎ 9750, V
H Steigenberger, Salzburger Str. 2-6, ☎ 7770, VI
H Bayrischer Hof, Bahnhofspl. 14, ☎ 6090, IV-VI
H Residenz Bavaria, Am Münster 3, ☎ 7760, VI
H Luisenbad, Ludwigstr. 33, ☎ 6040, VI
H Alpenrose, Luitpoldstr. 19, ☎ 97600, V
H Almrausch, Frühlingstr. 5, ☎ 96690, III-V
H Erika, Adolf-Schmid-Str. 3, ☎ 95360, IV-V
H Falter, Traunfeldstr. 8, ☎ 9710, V
H Hofwirt, Salzburger Str. 21, ☎ 98380, V
H Reseda, Mackstr. 2, ☎ 9670, III-IV
H Seeblick, Thumsee 10, ☎ 98630, V-VI
H Bürgerbräu, Rathausplatz, ☎ 6089, V-VI 🚲
H Hansi, Rinckstr. 3, ☎ 98310, IV-V 🚲
H Klosterhof, Steilhofweg 19, ☎ 98250, VI
H Oechsner, Am Thumsee 7, ☎ 96970, III
H Salzburger Hof, Mozartstr. 7, ☎ 97690, IV-V
H Friedrichshöhe, Adolf-Schmid-Str. 5, ☎ 9750, IV-V
H Sonnenbichl, Adolf-Schmid-Str. 2, ☎ 78080, V-VI
H Bergfried, Adolf-Schmid-Str. 8, ☎ 78068, III-IV
H St. Peter, Luitpoldstr. 17, ☎ 96880, IV-V
H Sparkassenhotel, Luitpoldstr. 8, ☎ 7060, V
H Eisenrieth, Luitpoldstr. 23, ☎ 9610, II-IV

H Vier Jahreszeiten, Rinckstr. 1, ☎ 76770, V
H Dora, Frühlingstr. 12, ☎ 95880, III-IV
H Goldener Hirsch, Ludwigstr. 5, ☎ 4151, III
H Villa Schönblick, Tivolistr. 3, ☎ 78060, III-V
H Traunfeldmühle, Traunfeldstr. 4, ☎ 98640, V
H Mozart, Mozartstr. 8, ☎ 78030, IV-V
H Villa Palmina, Mackstr. 4, ☎ 97660, IV-V
H Steiermark, Riedelstr. 4, ☎ 2962, III
Hg Moll, Frühlingstr. 61, ☎ 98680, III-V
Hg Villa Rein, Frühlingstr. 8, ☎ 3482, V
Hg Rupertuspark, Friedrich-Ebert-Allee 66, ☎ 9850, IV-V
Hg Carola, Friedrich-Ebert-Allee, 6, ☎ 95840, IV-V 🚲
Hg Eva Maria, Zenostr. 2, ☎ 95390, II-IV
Hg Haus Lex, Salzburger Str. 42, ☎ 2147, II-III
P Haus Vroni, Paepkestr. 3, ☎ 5334, IV-V
P Hubertus, Am Thumsee 5, ☎ 2252, III-IV
P Villa Antonie, Traunfeldstr. 20, ☎ 2630, III
P Clematis, Frühlingstr. 6, ☎ 62593, II
P Haus Emmaus, Maximilianstr. 10, ☎ 78050, IV-V
P Villa Fischer, Adolf-Schmid-Str. 4, ☎ 5764, II
Pz Gästehaus Färber, Kirchholzstr. 1, ☎ 3462, III
Pz Gästehaus Geigl, Kirchholzstr. 3, ☎ 2270, II
Pz Gästehaus Mauerer, Ludwig-Thoma-Str. 9, ☎ 5517, III
Pz Haus Rachl, Salzburger Str. 44, ☎ 3641, II
Pz Jodlbauer, Bruchtal 15, ☎ 5152, II
Pz Haus Ronald, Frühlingstr. 67, ☎ 4433, I-II
Pz Schröder, Franz-Josef-Str. 4, ☎ 690020, II
Pz Kober, Franz-Josef-Str. 2, ☎ 769870, II-III

Ortsteil Nonn:
H Alpenhotel, Nonn 50, ☎ 97360, IV 🚲

H Gablerhof, Nonn 55, ☎ 98340, IV-V
H Sonnleiten, Nonn 27, ☎ 61009, V-VI
Gh Graue Katz, Nonn 20, ☎ 2144, II
P Schwarzenbach, Nonn 91, ☎ 4472, II-III
Pz Leitnerhof, Nonn 86, ☎ 8002, II
Pz Flatscherhof, Nonn 21, ☎ 8810, II

Bayerisch Gmain
PLZ: 83457; Vorwahl: 08651
ℹ Tourist-Info, Großgmainer Str. 14, ☎ 606401
H Amberger, Schiller Allee 5, ☎ 98650, III-IV 🚲
H Villa Florida, Grossgmainerstr. 23-25, ☎ 98880, III-IV 🚲
H Johanneshof, Unterbergstr. 6, ☎ 5001, II-IV
H Rupertus, Rupertistr. 3, ☎ 97820, V-VI
H Sonnenhof, Sonnenstr. 11, ☎ 959840, III
H Post, Bahnhofstr. 17, ☎ 98810, III-IV
Gh Bauerngirgl, Lattenbergstr. 19, ☎ 2625, III 🚲
Pz Karolinenhof, Weißbachstr. 19, ☎ 2811, II-III
Pz Schleicherhof, Harbacherstr. 5, ☎ 61716, II
Pz Gästehaus Bergfrieden, Taufkirchenweg 7, ☎ 4475, III
Pz Gästehaus Berghof, Bichlstr. 3, ☎ 3471, II
Pz Bräulerhof, Berchtesgadener Str. 60, ☎ 2923, II
Pz Gästhaus Dreher, Feuerwehrheimstr. 1, ☎ 65656, III
Pz Haus Forster, Müllnerhornstr. 3, ☎ 2642, II-III
Pz Haus Lug ins Land, Sonnenstr. 24, ☎ 95940, III-IV
Pz Gästehaus Rosl, Reichenhaller Str. 21, ☎ 2172, II
Pz Streitbichlhof, Gruttensteinstr. 10, ☎ 8104, I-II
Pz Gästehaus Amadeus, Wappachweg 5, ☎ 2826, I-II
Bh Pflegerhof, Reichenhaller Str. 2, ☎ 3744, I-II

Bischofswiesen
PLZ: 83483; Vorwahl: 08652
ℹ Verkehrsamt, Hauptstr. 40, ☎ 977220
H Reissenlehen, Reissenpoint 11, ☎ 977200, V-VI
H Hundsreitlehen, Quellweg 11, ☎ 9860, IV-V
H Mooshäusl, Jennerweg 11, ☎ 7261, III
H Brennerbascht, Hauptstr. 44, ☎ 7021, III-IV
Gh Watzmannstube, Hauptstr. 16, ☎ 7223, II
P Loiplstüberl, Klemmsteinweg 12, ☎ 98480, II-III
P Huber Sepp, Pfaffenkogelweg 5, ☎ 7494, II-III
P Bergsicht, Keilhofgasse 33, ☎ 7393, II
P Weinbuch, Wasserweg 2, ☎ 7746, II
P Naglerlehen, Wiedlerweg 7, ☎ 7166, II
P Reissenlehen, Reissenpoint 11, ☎ 977200, III
Pz Hasenknopf, Am Datzmann 91, ☎ 8554, II
Pz Gästehaus Sonja, Am Datzmann 71, ☎ 7769, II-III
Pz Gästehaus Marchler, Marchlerweg 10, ☎ 7782, II-III
Pz Haus Alpengruss, Reichenhaller Str. 26, ☎ 8414, KK
Pz Hillebrand, Am Hillebrand 10, ☎ 7098, II
Pz Fuchslechner, Wasserweg 19, ☎ 7108, II

Strub
PLZ: 83489; Vorwahl: 08652
P Watzmannblick, Gebirgsjägerstr. 46, ☎ 3363, II-III
P Haus Waldfrieden, Silbergstr. 50, ☎ 62964, II
🅰 Gebirgsjägerstr. 52, ☎ 94370

Berchtesgaden
PLZ: 83471; Vorwahl: 08652
ℹ Berchtesgaden Tourismus GmbH, Königsseer Str. 2, ☎ 9670
ℹ Tourismusbüro, Maximilianstr. 9, ☎ 9445300

ℹ Verkehrsbüro Oberau, Roßfeldstr. 22, ☎ 964960
H Bavaria, Sunklergässchen 11, ☎ 96610, V-VI
H Fischer, Königsseestr. 51, ☎ 9550, V-VI
H Kronprinz, Am Brandholz, ☎ 6070, V-I 🚲
H Wittelsbach, Maximilianstr. 16, ☎ 96380, IV-V
H Krone, Am Rad 5 1/3, ☎ 94600, V-VI
H Seimler, Maria am Berg 3, ☎ 6050, IV-V
H Binderhäusl, Am Wemholz 2, ☎ 5429, IV-V
H Lockstein, Am Lockstein 1, ☎ 2122, III
H Demming, Sunklergässchen 2, ☎ 9610, V-VI
H Hainberg, Waltenberger Str. 5, ☎ 62031, II-IV
H Grünberger, Hanserweg 1, ☎ 4560, V
H Vier-Jahreszeiten, Maximilianstr. 20, ☎ 9520, V-VI
H Weiherbach, Weiherbachweg 6, ☎ 978880, IV-VI
H Rosenbichl, Rosenhofweg 24, ☎ 94400, IV-V
Hg Floriani, Königsseestr. 37, ☎ 66011, III-IV
Gh Schwabenwirt, Königsseer Str. 1, ☎ 2022, III-V
Gh Maria Gern, Kirchpl. 3, ☎ 3440, IV-V
Gh Mitterweinfeld, Weinfeldweg 6, ☎ 61374, II
Gh Deml, Bergwerkstr. 68, ☎ 61099, II-III
P Belvedere, Eberweinweg 1, ☎ 3573, II-III
P Rostalm, Rostwaldstr. 12, ☎ 3133, III-IV
P Haus Burgl, Renothenweg 27, ☎ 3980, II
P Grüßer, Hansererweg 18, ☎ 62609, I-II
P Achental, Ramsauerstr. 4, ☎ 4549, II-III
P Rubertiwinkel, Königsseer Str. 29, ☎ 4187, II-III
P Haus Gute Fahrt, Bergwerkstr. 24, ☎ 4739, II-III
P Villa Lockstein, Locksteinstr. 18, ☎ 61496, II
P Rennlehen, Rennweg 21, ☎ 66601, II-III
Pz Nagellehen, Locksteinstr. 33, ☎ 62505, II

Pz Weigl, Locksteinstr. 45, ☎ 4673, I-II
Pz Heidi, Weinfeldweg 9, ☎ 63734, II
Pz Elzerschlössl, Gernerstr. 2, ☎ 2882, II-III
Pz Schwabenbichl, Hansererweg 10, ☎ 690930, II ✗
Pz Stollnhäusl, Königsseer Str. 18, ☎ 63573, II ✗
Pz Haus Brunner, Hansererweg 16, ☎ 61886, I
Pz Haus Sonnenblick, Kranzbichlweg 21, ☎ 3808, I ✗
Pz Kilianmühle, Königsallee 2, ☎ 64292, II
Pz Kropfleiten, Metzenleitenweg 32, ☎ 3137, II-III

Ortsteil Stanggass:
H Schönfeldspitze, Schönfeldspitzweg 8, ☎ 2349, III-IV
H Oberkälberstein, Oberkälberstein 25, ☎ 4539, III
P Edelweißstüberl, Zwingerstr. 7, ☎ 2237, I-II

Marktschellenberg
PLZ: 83487; Vorwahl: 08650
ℹ Verkehrsamt, Salzburger Str. 2, ☎ 988830
H Von der Albe, Marktplatz 7, ☎ 9889-0
Gh Zum Untersberg, Salzburger Str. 12, ☎ 244, III
P Doffenmühle, Nesseltalweg 11, ☎ 421, III
P Sonnhof, Alte Berchtesgadener Str. 2, ☎ 446,
P Haus Ehler, Gastagweg 9, ☎ 657, III

St. Leonhard
PLZ: 5083; Vorwahl: 06246
H Untersberg, Dr.-Friedrich-Oedl-Weg 1, ☎ 72575, V
Gh Schorn, St.-Leonhard-Str. 1, ☎ 72334, IV-V
Gh Simmerlwirt, St. Leonhardstr. 4, ☎ 72466, III
P Leonharderhof, Mitterweg 14, ☎ 72640, II
P Bergfried, Untersbergstr. 32, ☎ 73147, II
Bh Helenenhof, Drachenlochstr. 1a, ☎ 72330, II
Bh Grubergut, Mitterweg 16, ☎ 74611, I

Grödig
PLZ: 5082; Vorwahl: 06246
ℹ Gemeindeamt, Dr.-Richard-Hartmann-Str. 1,
☎ 72106-0
ℹ Tourismusverband, Gartenauerstr. 8, ☎ 73570
H Grödig, Neue-Heimat-Str. 15, ☎ 73523, II-IV
Gh Fürstenbrunn, Fürstenbrunner Str. 50, ☎ 73342, III
Gh Esterer, Glanstr. 31, ☎ 73321, V
Gh Racklwirt, Schützenstr. 25, ☎ 72267, II
Gh Schnöll, Marktstr. 8, ☎ 72223, II-IV
P Sallerhof, Hauptstr. 9, ☎ 72521, III-IV
P Bachmann, Bachmannweg 3, ☎ 72141, II-III
Pz Graggaber, Hauptstr. 34, ☎ 74099, I ✗
Pz Helminger, Franz-Peyerl-Str. 2, ☎ 72538, I ✗
Pz Hlawa, Marktstr. 7a, ☎ 77532, II

Bh Azetmüller, Eichetmühlweg 1, ☎ 72858, I ✗
Bh Ulmhof, Neue-Heimat-Str. 14, ☎ 75862, I
Bh Ziegler, Bachmannweg 1, ☎ 72506, I-II

Anif
PLZ: 5081; Vorwahl: 06246
ℹ Verkehrsverein, Anif 31, ☎ 72365, 74325
H Friesacher, Anif 58, ☎ 8977, V-VI
H Schlosswirt, Anif 22, ☎ 72175, V-VI
Gh Husarenritt, Anif 47, ☎ 72354, II
P Gaberhell, Anif 305, ☎ 72073, II
P Schiessling, Anif 17, ☎ 72485, II
P Wiesenberger, Anif 160, ☎ 72454, II
Pz Harml, Anif 223, ☎ 72571, II
Pz Mayr, Anif 44, ☎ 72396, II

PENSION
LEONHARDER HOF

Zimmer mit Dusche oder Bad, WC, Tel, Radio, TV,
Balkon. Preis: € 21,– pro Person im DZ inkl.
Frühstücksbüffet. Befahrbarer, absperrbarer Keller für
Räder, 3 gute Restaurants in unmittelbarer Nähe.
Tel.: 06246 72640, Fax: 06246 72640-7
www.salzburgerland.com/leonharderhof
E-Mail: leonharderhof@utanet.at

Ortsindex

Einträge in grüner Schrift beziehen sich aufs Übernachtungsverzeichnis.